LE,
PETIT FILS
D'HERCULE.

LE
PETIT FILS
D'HERCULE.

1701.

EPITRE
DÉDICATOIRE
Aux Femmes plus aimables que sensibles.

MESDAMES,

Vous qui n'êtes point victimes de la pruderie, vous qui n'êtes pas dupes des fastueuses loix de la pudeur, je vous fais l'hommage de cet Ouvrage, fruit de mes veilles dans toute l'étendue du terme. Il a fallu vingt ans d'exercice pour parler dignement de vos goûts ; vous avoir vues fous toutes les formes , pour répandre un peu de volupté dans mes tableaux ; avoir été dans votre intimité pour parler votre langage. Tel a été l'emploi de ma jeuneſſe. Elle vous a été confiée ; le public verra un homme forti de vos mains.

En vous préſentant cet encens littéraire , je ne diſtingue point vos états. Depuis la Ducheſſe juſqu'à la fille d'Opéra , tout eſt égal à mes

yeux. La plus illustre , est celle qui
a le plus reçu de la nature, & LA
CHANTRIE valoit mieux qu'une
Impératrice.

Ne cherchez pas dans cette histoire une méthode exacte, ni un intérêt de cœur comme dans une tra-
gédie de Voltaire. C'était au délire
de l'imagination à peindre le délire
des sens , & trop d'ensemble eut nui
au genre de perfection dont un pareil opuscule est susceptible.

Hercule au berceau , jouoit avec

un serpent. Vous devinez l'allégorie.
Puisse ce serpent si fatal & si cher
au monde, être saisi par vous, &
vous développer tout ce qu'il cache
de moral.

J'ai l'honneur d'être, avec les
plus brûlans desirs.

De votre sexe complaisant & adorable.

HERCULE.

DISCOURS

PRELIMINAIRE.

CE petit ouvrage pourroit-être appellé l'encyclopédie de la nature. Il est d'une Société d'amateurs: nous croirions pouvoir assurer, si nous n'étions pas du nombre, qu'ils font dignes d'être cités dans les fastes de Cythere. Nous déclarons en outre que notre fonction d'éditeur consiste principalement à mettre en ordre des matériaux dont la plus grande partie étoit éparfe dans les manuscrits de plusieurs fages fort occupées de la chofe. Voici notre réponfe à ceux qui demanderont comment on peut avoir connu tous les genres, toutes les manières, toutes les postures, les termes, les ressources, &c. &c. ce qui eft important c'eft de favoir comment l'entreprife s'eft exécutée, mais ce détail si essentiel doit d'être précédé de quelques réflexions philofophiques.

Cet ouvrage doit être confideré fous deux faces. Comme encyclopédie il doit conferver l'ordre & l'enchaînement des connoiffances du con, du cu, & du vit. Comme ouvrage Moral il doit

contenir fur chacun d'eux les principes généraux qui font la baze
de leurs opérations.

Pour peu qu'on ait réflechi fur
la liaifon des chofes il eft facile de
s'appercevoir que les engins femi-
minins & masculins se prétent
mutuellement des fecours, & qu'il
y a par conféquent une chaine qui
les unit. Mais il eft difficile de ré-
duire à un petit nombre de notions
générales, leurs opérations.

On les peut divifer en directes
& en réflechies. Les directes font
celles qu'on reçoit fans peine, qui
trouvant ouvertes, pour ainfi dire,
toutes les portes, y entrent fans

résistance & fans efforts. Les ré-
fléchies font celles qu'on acquiert
en s'unissant aux directes & en
combinant leurs réfultats. Le Con
toujours prêt, toujours tranquille
est infiniment plus capable de ces
combinaifons que le vit, obligé de
vivre dans une continuelle dissipa-
tion & bandant dix fois pour décharger une.

Rien n'est plus inconteftable que
l'exiftence de la fouterie, ainfi pour
prouver qu'elle eft le principe de
toute félicité, il fuffit de démontrer
qu'elle peut l'être; car en bonne
philosophie toute déduction qui a
pour base des faits ou des vérités
reconnus

reconnus eſt préférable à ce qui n'est appuyé que ſur des hypo-théſes, même ingénieuses.

La première choſe que la fou-terie nous apprend & qui même n'en eſt pas diſtinguée c'est notre exiſtence, car nous ne pouvons pas la donner à un autre sans savoir que nous la poſſédons. La ſeconde connoiſſance que nous lui devons, eſt l'existence des objets extérieurs, parmi lesquels notre vit est com-pris puisqu'il est extérieur même avant que nous l'ayons poſé où il doit être.

La néceſſité de le garantir de la vérole & de la chaude-pisse,

B

nous fait examiner parmi les corps extérieurs, ceux qui peuvent nous être agréables ou nuisibles ; mais à peine commençons-nous à les parcourir, que nous découvrons en eux les mêmes besoins, & par conséquent le même intérêt de les satisfaire, d'où il résulte que nous devons trouver beaucoup d'avantage à nous unir avec eux, à démêler ce qui peut conserver ou nuire. Telle est l'origine de la formation des Sociétés avec lesquelles les hommes ont dû naître.

Quelques intéressantes que soient ces premières vérités, le besoin de foutre nous ramène sans cesse à des idées moins métaphisyques. Nous cherchons à le satisfaire par deux moyens, savoir : par les découvertes des cuisses, & par la recherche du con, recherche dont notre organisation nous met à même de profiter.

Les hommes en foutant sont parvenus peut-être en assez peu de tems à découvrir une partie des usages auxquels ils pouvoient employer leurs corps. Le plus essentiel étoit l'art de se communiquer des mouvemens, source des principaux changemens que nous observons dans la nature. L'examen de ces propriétés nous fit découvrir la plus essentielle, c'est l'impénétrabilité , ou cette espèce de force par laquelle chaque corps en exclut un autre du lieu qu'il occupe. C'eſt le grand art du vit, jaloux de régner ſeul chez le con qu'il a choisi.

Chaque leƈteur doit maintenant laisser ce discours & prendre celui qui est à la tête de l'encyclopédie. Qu'il y applique nos principes & il verra que Mrs. Diderot & d'Alembert nous ont épargné la peine de faire des recherches métaphysiques.

Venons maintenant à l'exécution , & donnons à nos leƈteurs une idée de notre plan. Nous

voulons réunir dans le même ouvrage tout ce qui a été dit sur la
fouterie depuis qu'on fout. Les
Grecs étoient bougres, parce
qu'ils avoient chez eux des philo-
sophes & que tout philosophe est
ennemi né du con. Les romains
étoient conistes au contraire parce
que les femmes portoient sous leur
jupon de quoi les délasser des fa-
tigues de la guerre. Mais par
une bizarrerie dont il seroit curieux de rechercher la cause, les
successeurs des romains sont devenus bougres & ceux des atheniens sont devenus conistes. Ce
sont lés François que j'appélle les
successeurs des atheniens puisqu'ils

ont adopté leur efprit, leur incons-
tance, leur amour des arts, leurs
vices & leurs vertus.

Les beaux efprits de Rome ai-
moient le con avec fureur. Juvenal, Horace, Tibulle, Catulle,
Ovide, Martial l'ont déifié. Jamais ils ne font plus voluptueux
que lorfqu'ils le tiennent. Parmi
les François Diderot, Vergier,
Voltaire, Rousseau, la Fontaine,
Grécourt, Robé, Piron, Gervais,
Crébillon le fils lui ont conservé
les hommages de la terre.

La littérature à fes prudes
comme la Société. Mais malgré

leur feinte pudeur on voit bien que
Racine, Regnard, Fénelon, Pavillon, étoient fecrettement les
ferviteurs du con.

Ce font eux qui nous ont guidé.
Ils font en fouterie ce que les
pères de l'église font pour le dogme. Nous établissons la même
distinction. Grécourt, Rousseau,
le Roi de Prusse, Collé &c. font
les pères grecs. Les autres font
les pères latins.

Cette encyclopédie ne tiendra
pas lieu de tous les auteurs cités,
à Dieu ne plaise que nous ayons
pareil orgueil ; mais elle apprendra

à lire avec profit & les retablira dans une estime dont les hommes jusqu'ici ont été trop avares. Je fais que quelques lecteurs ridicules trouveront que nous eussions pu prendre un tant soit peu moins de liberté. A Dieu ne plaise. Cela rendroit alors notre ouvrage vicieux. Quand J. J. Rousseau fait répondre à l'enfant qui demande par où se font les enfans, mon fils, c'est par le trou où l'on pisse. Il fait mal répondre, 1°. parce que cela n'est pas vrai. 2°. parce que l'enfant ne connoit pas plus le trou par où l'on pisse que celui par où l'on décharge. Il falloit faire répondre tout sim-

plement, mon fils, c'est par le con.
Alors l'enfant n'étoit pas plus sur-
pris qu'une femme eut un con
qu'une main. On ne nous fera
pas ce reproche, & l'on verra
avec quelle honnête confiance
nous appellons chaque chose par
son nom. C'est un mérite dans
un siècle où à force d'esprit, les
mots ne disent plus ce qu'on veut
qu'ils disent.

LE
PETIT FILS
D'HERCULE.

J'étois dans l'âge de la bêtise, de la
duperie, qu'on nomme l'âge de l'innocence, parce que les hommes ont la
manie de ne jamais appeller les choses par
leur nom, lorsque j'arrivai à Paris avec
peu d'argent & tous les goûts qui mè-
nent à la dépense. J'avois ouï dire que
les vieilles Comtesses payoient quelqu-

fois les plaifirs des jeunes gens, lorsqu'ils avoient encore plus de fanté que d'amour. Mais où découvrir ces généreufes bienfaitrices ? Preffé par le Père de l'induftrie, le befoin, je m'adreffai à l'une de ces femmes officieufes qui rendent des lettres, vendent des pucelages, trompent les maris, brifent les grilles, abaiffent les murs; que dans le beau monde on nomme commodes, & que nous appellons bonnement maquerelles. Elle me toifa & fans me répondre, tournant autour de moi j'entendis qu'elle murmuroit entre fes dents; la figure, paffe; les épaules, comme ça ; le jarret, foible ; du mollet, affez de fourcils; denture bonne ; manières gauches. Après cet examen commencèrent les quéftions. Quel âge ? vingt ans. Qu'elle famille ? d'une nobleffe nouvelle; point d'état ? non. Sans argent ? oui. Des maîtreffes ? quelque fois ; la vérole ? jamais.

Les

Les hommes? Fy donc. Combien de fois?
fix, fept. Mon cher Monfieur, continua-
t-elle, je veux bien vous faire faire votre
chemin, mais promettez-moi que vous ne
ferez ni ingrat ni indocile fur tout. Votre
fortune eft dans mes mains. Je ne veux ni
fermens ni promeffes. Si vous me trompez
jamais, fongez qu'il y a peu de manières
d'enrichir un jeune homme, mais qu'il
en eft cent de fe venger d'un traître. Voici
ma demeure; venez demain au foir à fix
heures chez moi. D'ici-là, j'aurai eu le temps
de favoir qui vous êtes. Ce début m'étonna
& me promit d'heureufes aventures. Le
lendemain j'arrive au rendez-vous, préparé
aux épreuves que me deftinoit mon nou-
veau MENTOR. Je me trompois dans mes
idées. J'entre dans un appartement affez
bien meublé; on ferme la porte. On me
conduit dans un cabinet où étoit une bai-
gnoire; on me fait déshabiller, & l'on me

jette dans une eau parfumée. Deux filles
de garde-robe m'épongent depuis les pieds
jusqu'à la tête. Après que je fus baigné,
épongé, séché, la maîtresse de la maison
m'oignit avec une liqueur qui me rendit
la peau douce comme du satin ; me coupa
les cheveux, quand je dis les cheveux....
Après cette première toilette, on me coëffe
à la nouvelle mode, & je trouvai sous
ma main des habits du meilleur goût, ainsi
que des dentelles, des bagues, un diamant
à ma jabotière : mon officieuse hôtesse me
mit une légère teinte de rouge, m'embrassa
& dit qu'ou fasse descendre M. le Chevalier. Une minute après, parut un grand
homme, maigre, fort sérieux ; habit de
ratine, croix de St. Louis, vieux plumet.
La Dame lui dit quelques mots à l'oreille
& nous montâmes en voiture : lui, sans
m'avoir dit un mot, moi sans savoir où
j'allois en bonne fortune. Après avoir rou-

lés un quart d'heure, le carroſſe arrête dans
une rue aſſez étroite, que je ſoupçonnai
voiſine de la rue *Pot de fer*. Nous mon-
tons dans un appartement très-propre &
très-mal éclairé. Il me préſente ; mais il
avoit oublié de me demander mon nom.
Il m'appelle M. le Vicomte ; il nomme
cette Dame, Madame la Comteſſe. Après
quelques minutes de ces ſortes d'entretiens
qui ne diſent rien, mais qu'il faut avoir
pour en venir à quelque choſe. On vient
demander Monſieur le Chevalier. Il ſort.
Me voilà tête-à-tête avec Madame la Comteſſe. C'étoit une femme d'environ ſoixante
ans ; de l'embonpoint, de l'œil vif, cau-
ſant bien. Moi timide, roulant mon cha-
peau dans mes mains, embaraſſé de ma
perſonne, de mon rôle, de mon titre ; il va
nous venir du monde, dit-elle ; en attendant voulez-vous jouer au tric-trac ? j'accepte. Elle ajoute que ſon jeu eſt à un

ouis le trou. A forces d'écoles, de mal
éafer, & de mauvaifes tenues, elle vint à
bout de perdre trente louis. Mon ufage,
continua-t-elle, n'eſt pas de payer en argent un auſſi joli homme que vous; per-
mettez-moi de vous donner cette bague.
Je me confonds en excufe, j'obferve gau-
chement qu'elle faifait un mauvais marché.
—— Je n'y mets d'autre condition, fi ce
n'eſt que vous me donnerez ma revanche
après fouper. On vient lui dire qu'elle eſt
fervie. Quel fouper! quelle recherche! des
vins de toute efpèce. Ils euffent été moins
bons que je ne m'en fuffe pas apperçu,
car je mourois de faim. Point de laquais
pour fervir. La converfation s'égaya, la
confiance naquit; mille queſtions fur mes
goûts, mes liaifons, mes engagemens; je
répondois à tout fans embarras, parce que
je difois la vérité. Et ce foir, où couchez-
vous, Vicomte, dit-elle? ici Madame,

répliquai-je avec une hardiesse que je ne
devois qu'au vin de Champagne. Elle fait
un grand éclat de rire, se lève, allons,
dit-elle, reprendre notre tric-trac, ou plutôt je vais vous payer ce que je vous dois
& nous causerons. Je lui rappelle qu'elle
est plus que quitte; mais elle me jette sa
bourse, qui tombe par terre. Je me baisse
pour la ramasser; au même instant, le plan-
cher se dérobe sous moi, une trappe s'enfonce, je me trouve seul dans une chambre à coucher, bien chauffée, bien éclairée.
Sur une ottomane, étoit une robe de chambre & tout l'attirail de la nuit ; des liqueurs
sur un cabaret, & quelques livres sur une
table. J'examinai le tout, & je me disois
combien les hommes ont tort de se rendre
martyrs de la beauté capricieuse. Tout ici
dédommage des avantages imaginaires de
la jeunesse.

Au milieu de mes réflexions je vis la Comtesse sortir de son boudoir dans un MATIN extrêmement simple, mais très-propre. Elle me fait asseoir, me des-habille elle-même; me couvre de baisers, & me conduit dans son lit. Elle acheve d'ôter les voiles importuns qui lui déro-boient une partie de ses plaisirs. Elle parut satisfaite. Aussi ne pouvait-elle pas se mé-prendre à ma reconnoissance. Moins elle vouloit d'entraves à ses desirs, plus elle en opposoit à mes regards; cependant le seul sens dont elle m'abandonnoit l'usage témoignoit en ma faveur, & je n'avois aucun mérite à répondre à ses caresses. S les miennes étoient moins brûlantes, c'est qu'elle n'avoit point de bouche pour son amant, & que cette privation rend tou-jours les jouissances, si non froides du moins tempérées. Cependant quand le plaisir m'appella dans ses bras elle annonça

le fien par une fi brûlante effufion, que
j'admirai la richeffe d'un fi beau tempérament. Le premier moment de repos
qui fuivit cette mutuelle connoiffance de
nous-mêmes, fut employé à une converfation dont je n'ai pas perdu un mot &
que la poftérité me faura peut-être gré
de lui tranfmettre. Je dis la poftérité, car
les livres de l'efpèce de celui-ci lui par-
viennent toujours. ,, Je fuis une femme
,, de la Cour, me dit-elle, tu le devines
,, fans peine à mes manières un peu libres.
,, J'ai tour-à-tour éprouvé ce que don-
,, nent d'agrément, la faveur, la fortune,
,, l'ambition; je n'ai trouvé de réel dans
,, ce monde que l'ufage modéré ; mais
,, fouvent répété du plaifir. En dépit
,, des années mes fens n'ont pas vieilli.
,, Je les ai exercés ; jamais fatigués.
,, Mon cœur eft bienfaifant encore plus
,, que fenfible. Jamais je n'ai connu

„ l'emportement des paſſions , parce que
„ j'ai toujours commencé par la jouiſ-
„ ſance. Dans la quantité d'eſſais que j'ai
„ faits , je n'ai trouvé que ſept hommes
„ qui me convinſſent. Tu en es un ,
„ ou du moins je le ſoupçonne , parce que
„ tu *renais* facilement. Ce qui précipite
„ l'automne des femmes , ce ne ſont pas
„ les doux ſacrifices à la volupté, mais
„ bien les tourmens de la jalouſie; la
„ rage qui ſuit les perfidies; les veilles
„ inquiettes; l'eſpérance trompée; les re-
„ proches, dont on paye l'inconſtance,
„ l'indiſcretion qui ſe venge; que ſais-je
„ enfin ? Tout le cortège de l'amour
„ malheureux. Rapprochez de cet enfer
„ ma manière expéditive. Vous ne m'inſ-
„ pirez aucune crainte , outre que vous
„ ne me connoiſſez que par mes bien-
„ faits, c'eſt que vous ignorez & igno-
„ rerez à jamais ou vous êtes, qui je

„ fuis. Avant de t'admettre dans mes bras
„ on s'eft affuré de ta fanté, de tes moyens,
„ de tes beautés. Ton inexpérience qui
„ t'embaraffoit, faifait un mérite à mes
„ yeux ; je n'ai nul remords, puifque je
„ ne fais qu'échanger l'or que je méprife,
„ contre le plaifir que j'aime.

Vous m'attriftez, lui repliquai-je, vous
ôtez le charme à vos bienfaits en m'appre-
nant que je ne ferois feulement pas à même
de vous en remercier. Le fentiment alloit
fe mêler de tout cela, fi la comteffe n'a-
voit changé fes réflexions morales en ca-
reffes beaucoup mieux afforties aux circonftances. Son jeune homme docile faifoit de moins beaux difcours ; mais s'y prenoit de façon à fe faire rappeller. Ce genre
d'éloquence triomphe toujours.

Cette nuit fut entrecoupée de morale

de chocolat, de sommeil, de tentatives ;
de présens, de conventions. Il fut résolu
qu'on se sépareroit à onze heures, que je
sortirois par le jardin d'un couvent voisin,
& que j'attendrois une nouvelle invita-
tion. A peine fus-je dans la rue d'enfer
que j'apperçus le chevalier de St. Louis
qui m'avoit servi d'introducteur. Il des-
cendit d'un fiacre & me pria d'y monter.
Il me reconduisit chez la femme où j'avois
fait ma toilette. Elle me demande si j'étois
content. Je lui répondis que je venois l'en
remercier & lui en marquer ma reconnoissance. je tirai la bourse de la Comtesse
dans laquelle se trouvoit 60 Louis. Je lui
offris de partager. Elle accepta sans se faire
prier, & puis elle ajouta ; on va vous
donner le mémoire. Cette pièce est assez cu-
rieuse pour que je la transcrive.

Pour avoir lavé, épongé Mr., . . 3 louis.
Pour l'avoir oint d'une huile de
   Princesse, ... 2

Pour loyer d'habits, dentelles,
   diamans, ... 10
Pour frais de préfentation, . . . 5
Pour voiture, ... 2
Pour frais de rencontre, . . . 3
Pour un fachet d'amour, . . 2

                        27 louis.

   Je repréfentai à la maquerelle, que ma
générofité mériteroit un mémoire moins
juif. Elle me jura que fur ce mémoire elle
n'avoit pas deux louis, lorfqu'elle aurait
payé l'Exempt de Police, fa maîtreffe, fon
valet de chambre, les femmes & le Suiffe
de la Comteffe, & furtout lorfquelle auroit
appaifé l'avidité du Chevalier, qui quelquefois ne vouloit pas *préfenter* à moins
de dix louis. Je lui demandai fi elle connoiffoit d'autres Dames chez qui on put
fouper dans l'occafion. Elle m'affura qu'oui.

Mais que l'affluence des jeunes gens rendoient les nuits extrêmement rares, que
cependant mes procédés méritoient une exception, & qu'elle me réfervoit la première
bonne aubaine ; je retournai chez moi léger
d'argent ; mais fort bien afforti en bijoux
que j'avois eu l'adreffe de fouftraire à mes
tuteurs.

J'en réalifai une partie, ou plutôt je les
métamorphofai en habits, & en ce qui
pouvoit m'être utile dans la nouvelle car-
rière que j'allois parcourir : j'ai oublié de
dire que la maquerelle m'avoit furtout recommandé de ne voir aucune jolie femme,
dont le fouvenir ou l'image rendoient le
plus mauvais fervice dans les affaires où il
falloit fe montrer.

Mon premier foin, fut de découvrir
l'hôtel de ma Comteffe ; je m'informai fous
main, fans parvenir à rien de vraifembla-
ble.

ble. Un billet de Mad. Darmand, (c'étoit
le nom de mon entremetteuſe) ſuſpendit
mes recherches ; Je me rendis chez elle.
Pour cette fois, me dit-elle, vous n'aurez
pas un long mémoire, prenez cette ſou-
tanne, habillez-vous en abbé, & ſuivez
cette fille. J'obéis. Nous marchâmes trois
grands quart d'heure, & nous arrêtâmes
chez un jardinier fleuriſte. Mon guide me
laiſſa avec lui. Il me fait traverſer un ſou-
terrain qui aboutiſſoit à une cave. Nous y
trouvâmes une Religieuſe endormie. Il la
réveille. Elle détache ſon voile, m'en bande
les yeux, & me conduit par la main dans
un petit appartement fort agréablement
meublé. Elle ferme la porte ſur moi & me
laiſſe ſeul ; je n'y demeurai pas long-temps.
Deux jeunes Religieuſes parurent, m'of-
frirent à ſouper, & me prévinrent que leur
mère alloit les ſuivre ; je leur demandai la
permiſſion d'ôter ma ſoutane ; j'avois par

D

deſſous une camiſole de ſatin blanc piqué, qui me paroiſſoit plus conforme au perſonnage que j'allois faire. Ces filles de Dieu n'avoient point l'air timide, & cependant elles gardoient un ſilence que je ne ſavois comment interpréter. Mais quel fut mon étonnement lorſque je vis entrer celle pour qui j'étois là. C'étoit une petite vieille ſèche & ridée, boſſue par derrière, annonçant la mauvaiſe humeur. Voila bien des apprêts, dit-elle; la Darmand ne ſait ce qu'elle fait; je voulois un F.... & non un petit maitre. Vous a-t-elle dit mon prix ? non, Madame; cinq louis par coup, ſoupé, liqueur, chocolat à diſcrétion. Cela vous convient-il ? Très fort, Madame, mais votre ton gâte un peu la choſe. —— Vous verrez que je me gênerai en payant. —— Ne vous gênez pas, mais il pourrait très-bien ſe faire qu'avec la meilleure volonté du monde, je ne puſſe pas répondre à vos vues. —Oh !

fi ce n'eft que cela, j'ai le remède. Allons vîte mes fœurs. A l'inftant, ces deux jeunes perfonnes fe mettent à fe deshabiller, & me montrent les deux plus fuperbes corps qu'il foit poffible de voir. La vieille s'étend fur un lit de repos, les place derriere fa tête & me précipite fur elle, de forte que j'avois les yeux à quatre doigts de leurs charmes, tandis que leur tyrannique fouveraine jouif-foit des victorieufes fenfations qu'elles me faifoient éprouver, & quand elle fentoit que mes moyens phyfiques commençoient à baiffer, elle repouffoit mes mains & leur permettoit de chercher une nouvelle vi-gueur dans les voluptueux attouchemens de ces deux beautés parfaites, qui ennuyées malgré elles du fpectacle qu'elles avoient fous les yeux, éprouvoient cependant auffi une forte de plaifir. Quand cette nouvelle *Meffaline* entrevoyoit un terme à fes jouif-fances, elle faifoit un figne, & fes acolytes

étoient obligées de livrer leur bouche charmantes à l'ardeur de mes baifers. Leurs lèvres
de feu me reffufcitoient, & je mourois de
ne pouvoir leur faire partager des prodiges
qui n'étoient que leur ouvrage. A un autre
fignal, elles difparurent. Levez-vous, me
dit l'Abbeffe ; elle s'échappe auffi, en me
confeillant de m'arranger pour le foupé qu'on
va fervir.

J'aurois eu grand befoin des éponges &
de l'eau parfumée de la Darmand : je trouvai
cependant dans un cabinet à côté tout ce
qui m'étoit néceffaire. Après que tout ce
défordre fut réparé, on fervit un foupé fin,
où affiftèrent trois Religieufes avec l'Abbeffe. Mais elle n'étoit plus acariatre, dé-
ployant au contraire un efprit aimable, je
ne la reconnus plus. Pourquoi, lui dis-je,
avec tant d'agrément, avez-vous débuté
par tant d'humeur ? vous avez raifon, re-

plique-t-elle, mais auſſi c'eſt la faute de
la Darmand. Elle m'a laiſſé trois jours ſans
perſonne. Alors je ſuis tout autre. Vous
avez été fort mal reçu, & aſſurément c'eſt
généreux à vous de ne m'en avoir pas fait
appercevoir. Je n'oſai lui dire à qui elle en
étoit redevable, ni lui demander pourquoi
ces deux beautés ſi intéreſſantes n'étoient
point là. — Puiſque vous me paroiſſez bon
homme, je vais vous donner une répé-
tition de notre paſſe temps. Mon bonheur
eſt d'amuſer ces jeunes créatures que la ſu-
perſtition & la barbarie des Parens ont jet-
tées dans cette ſolitude. Elle frappe alors
trois coups : trois charmantes Nonnes en-
trèrent, qui, ainſi que les trois prémieres,
arrachèrent leurs guimpes, & ſe jettant ſur
des fauteuils renverſés contre la muraille,
elles ſuppléoient autant qu'il étoit en elles,
à la diſette des hommes. L'une avoit les
yeux entr'ouverts, l'autre les levoit au ciel;

D 3

celle-ci les fermoit tout-à-fait. Au milieu
de cette agitation, l'Abbesse tire un rideau
de taffetas vert, qui laisse voir un tableau
représentant Mars enfilant Vénus. La vue
de cette brûlante peinture redouble tous
les mouvemens, & au milieu des plaintes,
des ardens soupirs, je me laisse tomber sur
l'Abbesse, & au bruit enchanteur de ces
émotions diverses, elle participe à cette
allégresse générale. Pendant le silence qui
suit ces luttes charmantes, entrent six filles
nues portant un ceinturon auquel étoit at-
taché un gode-miché Dans leur impétueuse
ardeur, elles arrachent les vêtemens à leurs
rivales, & triomphent bientôt de leur feinte
résistance. L'Abbesse apperçoit une de ces
effigies trompeuses, d'une grosseur plus pro-
portionnée à ses besoins, elle me renverse,
court vers Sœur Eulalie qui le portoit,
l'appelle ; je saisis ce moment, & reconnoissant les deux qui avoient tant contribué

au premier moment de mon bonheur, je
leur rends le plaifir qu'elles m'avoit donné.
L'Abbeffe s'en doute. A la feconde, elle
fe lève, m'arrache au fein du bonheur, &
me faifant faire volte face, elle tourne en
fa faveur une offrande que l'amour avoit
préparée pour une autre que pour elle. Ainfi
finit cette Lupercale, dont le tableau de-
meurera à jamais préfent à ma mémoire.

A un certain fignal les vierges difparurent. Si je ne me trompe, dit l'Abeffe
un peu fatiguée, je vous dois trente cinq
Louis. Les voici. J'en ai cinq cens à
votre fervice, il eft tard. Je vais vous
faire reconduire chez le jardinier. Je remis ma foutane, & defcendis à la cave.
Quelle félicité! j'y trouvai la religieufe que
j'avois *Commencée*. Pénétré de la plus
amoureufe reconnoiffance je l'achevai fur
un tonneau. Je voulois lui donner l'argent que l'abeffe m'avoit remis. Elle le re-

fufe en me difant qu'elle avoit fait vœu
de pauvreté, & que cela leur étoit fpécia-
lement défendu. Je gagnai mon fleurifte,
& puis la maifon de la Darmand que je
remerciai mille fois de la joyeufe nuit
qu'elle m'avoit procuré.

Les fuivantes furent confacrées au repos.
L'image de mes douze funamites me re-
venoit fans ceffe à l'efprit cependant, &
je me difois en moi, la Nature eft bien
bonne. Elle nous a fait un préfent avec
lequel on peut fe paffer de la fortune, des
dons des Rois, & des illufions de la grandeur. Les fpectacles faifoient un de mes
principaux délaffemens. J'étois un foir à
l'opéra. C'étoit à la premiere repréfenta-
tion de *l'embarras des richeffes*. Le coftume Grec qui n'étoit que voluptueux
fut jugé indécent. Au-deffus de ma tête
s'élevoit une difpute fur la nudité des filles
Grecques. Il me fembloit reconnoître un

des voix, mêlées dans cette altercation ;
je me retourne & crois reconnoître en effet
une des femmes qui avoient agité la ques-
tion. Mais jugeant que c'étoit des Dames
de la premiere qualité, le refpect m'inter-
difoit de les fixer. Je me levai cependant dans l'entr'acte, & ayant très-bien
reconnu ma Comteffe, je demandai à Mr.
le Comte de le Blache, mon voifin, le
nom de cette Dame. C'eft la Ducheffe
de *** me dit-il. Je rappellai ce qu'elle
avoit dit du coftume Grec, traînai la converfation, & enfin finit par lui demander
où elle demeuroit. Fauxbourg St. Ho-
noré me répondit-il, dans la rue verte.
Ravi de cette heureufe rencontre je me
promets bien de lui écrire de façon à la
mettre dans le cas de me donner une feconde nuit, fi le jeu lui plaifoit, ou de
la refufer fans la compromettre. Je médi-
tois la tournure de mon billet lorfque

j'en reçus un qui fur tout piqua ma curiofité. ,, Le F. à la mode eft invité à
,, paffer la nuit avec deux femmes qui
,, font refolues à ne point fe féparer. Il n'a
,, qu'à fe trouver à neuf heures au Pont
,, tournant ; une brouette le conduira où
,, il doit fouper, tout cela s'exécute. Une
vielle portiere me reçoit, & me conduit
à un appartement. Lorfque je fuis dans le
fallon elle me dit ces mots: ,, Quand cette
,, pendule fonnera, prenez cette bougie
,, & entrez dans la chambre attenante,
,, par cette porte. ,, J'attends dix minutes, la pendule fonne, je pénétre dans
une chambre très-bien éclairée. J'appercois
un lit entouré d'un fil de laiton. Sur ce
lit étoient deux femmes nues dont les tê-
tes étoient couvertes. Un de ces deux
corps pouvoit fervir de modèle. Jamais la
volupté, les graces, Vénus même n'ont été
revêtu des formes plus heureufes. L'autre

fec, offeux, jaune, n'offroit que des peaux
& repouffoit le plaifir. Quand j'eus bien
confidéré ces deux femmes, j'entendis une
voix, qui me dit : „ Sortez , quand la
„ pendule fonnera, ouvrez la porte qui
„ lui fait face.„ La pendule m'avertit du
moment d'entrer. C'étoit dans un boudoir
ou étoient deux femmes dont l'une pouvoit le difputer à ce que les poëtes ont
chanté. L'autre avoit ce genre de laideur
qui révolte. Petit front, nez épaté, bouche fendue, menton pointu, yeux bordés
de rouge , joues féches & pales. La jolie
commence la converfation. „ On parle
beaucoup de vous à Paris, Monfieur, &
nous avons voulu favoir fi vous êtes digne de votre réputation. Nous fommes
deux étrangères que leurs maris ont en-
voyé faire F... C'eft un parti que nous
avons pris & dont nous ne nous trouvons
pas mal. Pourrois-je vous demander ,

Mefdames, à qui je dois cette prétendue
célébrité, & le bonheur de vous connoître. Vos fept victoires fur l'abeffe de ***
fuffifent pour immortalifer --- Je fus d'autant plus déconcerté à ce mot que je n'a-
vois parlé qu'à la Darmand de cette fatur-
nale. Puifque vous êtes fi bien inftruites,
il eft inutile de vous rien cacher. Nous
allons vous laiffer libres. Rejoignez les
deux femmes que vous venez de voir, choi-
fiffez & puis nous nous mettrons à table.
Mon choix eft tout fait & je brûle déjà
d'être dans les bras de la belle au ruban
bleu. A ce mot la jolie détourne les yeux,
fe leve & fort. Sa compagne fe précipite
dans mes bras & me falit les levres d'un
infupportable baifer dont je ne pouvois
même foutenir l'exhalaifon. Comme elle
s'apperçut que je foupçonnois quelque
impofture, elle détache une agraffe & me

convaint

convaint en effet que sous ce hydeux visage
étoient cachés les graces & le plaisir. Je
me remets; je rappelle l'autre beauté hu-
miliée, & je leur dis : Mesdames, commen-
çons par souper, & puis nous trouveron$
j'espère le moyen de tout concilier. Hercule avoit pour compagnon de ses travaux
son ami Philoctète. Comme je tâche d'imi-
ter ce héros, j'ai aussi un compagnon de
mes exploits. Permettez - moi de le faire
venir. Je le placerai de façon que vous ne
serez seulement pas sensées vous en appercevoir. Je lui écris un billet ; il vient.

Le soupé fut très-gai. Je leur avois inspiré
de la confiance ; & après des contes un peu
poliçons & des chansons plus que gaies,
nous invitons le plaisir & volons tous trois
sur un immense lit. J'emmaillotte la jolie,
mets un masque à la laide, & m'ajuste de
maniere que j'embrassois l'une & baisois

F

l'autre. Cependant comme cet amour colombin ne fuffifoit pas tout-à fait à la premiere qui fe nommoit Vittoria, je fis venir mon aide, lui marquai fa befogne, confervai cette bouche charmante le féjour de la volupté, & ne défemparai pas le trône de mes plaifirs. Cependant, la belle au mafque voyoit au travers mon jeune ami dont l'œil ardent annonçoit la fougue du tempéramment. Elle hauffe fon mafque & lui permit de repofer fa tête fur fon vifage. A fes mouvemens, je devinai fon infidélité, mais n'étant pas d'une complexion jaloufe, je lui pardonnai un moment d'erreur en faveur de fes charmes. Vittoria fe fentant à fon cinquième moment d'ivreffe demande le temps de refpirer. Il y eut un furfis. La converfation remplaça les luttes amoureufes. Mon compagnon nous raconte une plaifante aventure qui lui étoit arriveé. A

huit heures & demie du foir, deux grands
laquais étoient arrivés chez moi, l'avoient
rencontré prêt à fe mettre à table, & mené
dans une maifon. On l'avoit fait monter dans
une chambre où étoit une Dame qui parut
furprife à fon afpect. Elle lui demande fon
nom, fon état, fa naiffance: Comme je lui
avois dépeint la Comteffe, fon appartement,
il crut la reconnoître, & fans fe déferrer,
il lui répond qu'il eft mon frère d'armes,
qu'il gardoit la maifon pendant que je met-
tois fin à quelques brillants exploits; qu'il
n'eft pas indigne du choix que j'avois fait
de lui pour le repréfenter. Son ton décidé
plut à la Comteffe, mais comme la Darmand ne lui avoit pas répondu de lui, elle
refufoit de s'y confier; dans ces cas là, elle
avoit un plaifir qui lui convenoit tout autant. C'étoit une femme de chambre, jeune,
faite autour, libertine comme Adeline
Colombe, & prefque auffi jolie. Elle la fait

monter, il fait figne au jeune homme de
la violer. Rofe fe défend ; & il ne lui en
coûte que quelques baifers. Alors il ôte fes
habits, & lorfqu'il eft nud, recommence
l'affaut. Rofe n'a plus la même force, foit
qu'elle baiffe les yeux, foit qu'elle égare
fa main, elle apperçoit où trouve un écueil,
& vaincue par le défir, bien plus que par
la fupériorité de fon ennemi, elle fuccombe
fous un baifer, abandonne fa gorge, & tout
en voulant défendre fes jupes, elle rencontre le Miniftre futur de fes plaifirs. Dé-
farmée, elle fe livre à fa pétulante ardeur,
& cédant tout-à-fait, elle meurt de plaifir
dans les bras de fon vainqueur, tandis que
la Comteffe halétant & s'agitant fur fon fau-
teuil, les yeux humides de plaifir, ne peut
ni achever ni s'interrompre. Son récit fit
une telle impreffion fur la Signora Vittoria,
qu'il fallut nous replacer comme aupara-
vant & recommencer nos victoires. Au mi-

lieu de mes travaux, je favois gré cependant à ma Comteffe de m'avoir confervé
une efpèce de fidélité, & je promettois fur
le fein de ma belle inconnue, de répéter
à l'autre les preuves de ma reconnoiffance.

Je devenois un fujet précieux pour la
Darmand. Elle vint me voir un matin,
& me dit qu'elle avoit une occafion unique
de me placer avantageufement. Soit, quand?
où? comment? dites donc? un moment
reprit-elle, ne foyez pas fi vif. Voici ce
que c'eft. Il y a à Paris une Marquife cé-
lèbre par fes aventures. Elle a eu des Rois,
des cochers, des Cardinaux, des Moufque-
taires, des Préfidens, des danfeurs de corde,
& jufqu'à un Sovoyard à qui elle donna
la chaude-piffe. Elle eft feptuagénaire aujourd'hui. Mais la même chaleur l'agite.
Elle foutient que ce n'eft pas du fang qui
coule dans veines. Je l'ai connue jadis, mais
elle étoit devenue fi mauvaife compagnie,

que je n'ofois pas trop y aller. Préfentez-
vous y de ma part avec cette lettre. Elle
oûbliera peut-être fes reffentimens en faveur des fpéculations amoureufes' qu'elle
fera fur vous. J'accepte, & dans la même
journée, je me fais annoncer chez la Marquife. C'étoit une grande femme hautaine,
maigre, nez aquilin, l'œil févère. Elle fem-
bla s'adoucir en me toifant. Après quelques
propos qui marquoient une efpèce d'irréfo-
lution, vous voulez, me dit-elle , entre^r
chez moi en qualité de lecteur ; la Darmand
me répond que vous lifez fort bien. Je ne
^fais pas trop fi l'on peut s'en rapporter à
elle ; ces femmes vantent tout ce qu'elles
protègent. Paffez dans ma bibliothèque , je
vais vous effayer. Elle étoit moins nom-
breufe, mais bien tenue. Je parcourus les
Lauriers eccléfiaftiques ; la foutromanie.
Laiffez, me dit-elle, cette tablette, choi-
fiffons plutôt un livre de fentiment , prenez

Fulgia ou Thémidore, ou les bijoux indis-
crets. Je lui obfervai que ces effufions de
tendreffe étoient bien paffés de mode. Vous
avez raifon, repliqua-t-elle, j'ai ici un nou-
veau recueil où il y a peut-être à glaner.
Je lus les pièces fuivantes.

CONTE.

Sur leur façon d'aller en l'autre monde,
S'entretenoient trois Moines bien dispos,
Le Loyolite aimant l'Anus immonde,
Dit : j'attends là le ciseau d'Atropos.
Le gris vêtu ne chérissant sur terre .
Qu'un rouge bord, cria par Saint Léon :
Je voudrois, moi, dans la Bacchique guerre,
Finir mes jours, ainsi qu'Anacréon.
Lors le Billette à la face embrasée,
Prenant ez mains son nerveux *archoutant*;
Et moi, dit-il, ô Vertu d'Elisée !
Mon goût seroit de mourir en foutant.

LE CHIRURGIEN DE VILLAGE.

Dans fon lit un matin certain Jouvencelle
  Sentant une douleur cruelle,
A grands cris, fe tournant & retournant
    toujours,
De fa bonne maman imploroit le fecours ;
Mais inutilement. Pour affaire preffante
  La bonne femme vigilante
  Avoit pris dès le grand matin.
  La route du hameau voifin.
Il ne reftoit qu'une vieille fervante,
Qui de ces cris frappée, accourt toute trem-
   blante.
  Eh bon Dieu! qu'eft-ce donc? d'où vient
  Criez-vous tant ? notre jeune innocente
S'expliquant affez mal ; cela va; puis revient,
C'eft ici, puis c'eft-là ; je crois qu'on me
   déchire.
La foubrette incertaine & ne fachant que
  dire,

Pour plus de sûreté, va droit
Au maître Frater de l'endroit,
C'étoit un grand garçon, point sot, qui
de Pancrace
Son vieux pere, à demi perclus,
Et qui déjà n'y voyoit plus,
En survivance avoit la place.
Il s'empresse aussi-tôt, il accourt, le voilà
Qui du lit s'approche à la hâte,
Et déjà questionne & tâte....
Comme font tout ces Messieurs-là.
Bref des indices sûres dénotent la colique,
Etoit-elle ou non néphrétique ?
Il n'importe. D'abord pour la curation
Lui-même ordonne & fait certaine friction
De linges chauds qu'avec art il applique ;
Puis de passer la main sur le ventre &
partout,
Du haut en bas, de l'un à l'autre bout,
Tant qu'enfin il heurte au passage

Certain petit duvet qu'en homme expert &
      & fage
Il détourne toujours avec précaution,
Pour que rien ne s'oppofe à l'opération.
La fillette le fent, mais fans en faire mine.
Il récidive, & loin de la voir fe roidir
      Contre ce plaîfant exercice,
      Bientôt il furprend un foupir,
      Tendre interprète du défir
      Dont fon cœur étoit le complice.
      Charmé du fymptôme nouveau,
Et plein d'un doux efpoir, il cherche un
      ftratagême.
Qui lui puiffe affurer un fi friand morceau.
Que n'efpéroit-il pas de l'innocente même ?
      Avant toute chofe il s'agit
      De pouvoir écarter du lit
      Cette incommode furveillante.
Qui pendant ce mic-mac fe tenoit-là pré-
      fente.

Il rêve & tout-à-coup feignant d'avoir befoin
D'un élixir fort néceffaire,
Que, de fa chambre il dit devoir être en
un coin,
De l'Argus peu faite au myftère,
Il réclame inftamment le véritable foin.
La duegne complaifante, au gré de fon envie,
Y court avec la clef. La malade ravie
Dans la phiole déjà croit voir fa guérifon:
Quoi! vous efpérez tout de bon
Que ce remède falutaire.
Pourra..... comment! fi je l'efpère?
J'en fuis, qui plus eft, très-certain.
Et je n'agirai pas en vain,
Je connois votre maladie.
Mais qu'eft-ce donc, Monfieur?.... ce font
des œufs, ma mie
Qui vous caufent tout ce tourment...
Des œufs! bon, vous riez..... c'eft bien le
temps de rire,
Je parle férieufement;

Ce

Ce font des œufs, vous dis-je, & fi réel-
lement

Vous défirez guérir... Ah fi je le défire!...
Je puis toujours en attendant

Les caffer ; un inftant pour cela peut fuffire·
J'ai là certain outil ; voyons ma belle enfant ;
Oh ! Monfieur,... qui vous inquiette?...
Vous me ferez mal ?... nullement ...

Comment pourrais-je hélas fouffrir cet ins-
trument ?....

Moi qui m'évanouis quand je vois la lan-
cette ?

Vous ne la verrez point ; d'ailleurs
Cette cure fe fait fans aucune douleur ,
Vous me direz fi je vous bleffe ;
Mais d'avance je puis vous affurer que non.
Tenez vous de la forte. Bon ;
A merveille. Pendant mainte & mainte
carreffes ,
Dont il fait étourdir fa peur ,

G

La fonde s'introdit. La pauvrette éperdue
Sentant avec l'effort augmenter fa douleur :
Ouf! qu'eft-ce-là ? je fuis.... je fuis perdue,
Haï, haï, je n'en puis plus...paix donc...
    cela me tue ...
Là, là, c'eft fait... Vous me flattez envain.
Lui cependant avance & gagne du terrain.
Que dis-je, ils font déjà tous les deux hors
    de crife.
La fonde plus au large ayant fait fon de-
    voir,
D'un torrent de plaifir a comblé leur efpoir.
Pour cette pauvre enfant, quelle heureufe
    furprife,
De fentir tout-à-coup fuccéder à fon mal
    Un plaifir vif & fans égal
    Qu'elle avoit fi peu lieu d'attendre ;
    Ah! dit-elle, mon bon Monfieur,
   Je vous dois tout ; quelle reconnoiffance
    Macquittera ?.... Votre filence,
Lui répond-il d'un ton myftérieux & doux ;

C'eſt, l'unique ſalaire
Que j'exige de vous.
Songez-y bien; Dieu , ſachez vous taire.
Dieu ſait ſi l'exploitant
S'en retourna content.
A peine eſt-il ſorti que de notre pucelle,
La mère arrive & voit avec étonnement
Sa fille encor au lit. Pour premier compli-
ment ,
Celle-ci, ſans tarder, débite la nouvelle
Du mal qu'elle a ſouffert ; elle a penſé
mourir.
C'étoit une douleur à n'y pouvoir tenir,
Si malheureuſement pour elle,
On n'eut caſſé ſes œufs , rien n'eut pu la
guérir.
La bonne femme écoute, & ſans la contre-
dire ,
A tous ces traits naifs applaudit d'un ſourire,
La ſervante arrive à ſon tour ,
Et ne ſe doutant point du tour,

Affure également la chofe,
Elle convient du mal ; mais non pas de la
caufe.
La fille n'en veut point avoir le démenti :
C'étoit des œufs, je vous le jure.
Pour l'appaifer , on feint de prendre fon
parti;
Mais plus piquée encor , & prenant pour
injure
Leur crédulité feinte , elle faute du lit,
Puis ramaffant avec dépit.
Certains glaires vifqueux découlans fur fa
cuiffe,
Eh bien! cette fois-ci, me rendra-t-on juftice,
Dit-elle , en faifant voir fes doigts encor
gluans ?
Etoit-ce là des œufs ? en voyez-vous les
blancs ?

LE GOUT BIZARRE.

Ces petits C.... dont l'on fait fête,
Où le V.,.. ne met point la tête,
N'affouviffent point mon défir :
J'aime les C.... de belles marges,
Les grands C.... qui font gros & larges
Où je m'enfonce à mon plaifir.

Les cons fort étroits de clôture,
Mettent un V.... à la torture
Et le laiffent fans mouvement ;
J'aimerois mieux branler ma pique,
Que de foutre en paralitique,
Le plaifir gift au remuement.

Dans le grand C.... de ma maîtreffe,
Mon V.... peut montrer fon adreffe,
Aller le trot, aller le pas,
Chercher par tout fon avantage,
Et monter d'étage en étage,
Tantôt en haut, tantôt en bas.

Comme le Monarque des Perſes,
Jadis par les ſaiſons diverſes
Avoit des diverſes maiſons,
D'un V.... la majeſté ſuprème,
Dans un grand C... peut tout de même
Se loger en toutes ſaiſons.

Foutre des C... de ces pucelles,
Serrés comme des eſcarcelles,
Où le vit n'eſt en liberté.
J'ai dans le C.... de ma voiſine,
Ma chambre, anti-chambre & cuiſine,
Logis d'hyver, logis d'été.

RÉPONSE D'UN AMATEUR.

Ces grands C... dont vous faitès fête
Avec oreille & double crète
Ne me viennent point à plaisir,
J'aime ces C... de fine sarge
Qui s'étendent quand on les charge
Comme un gant qu'on donne à choisir.

Ces Cons si larges d'avanture
Mettent un V. en sépulture
Comme un corps en son monument.
J'aimerois mieux ètre hérétique,
Que chevaucher un Con étique.

Dans le Conet de ma maitresse
Qui n'entend ruse ni finesse
Jamais je ne vais que le pas,
e n'ai à faire aucun partage,
Je laboure tout l'héritage,
Encor ne me suffit-il pas.

Si l'on dit que le Roi de Perse
L'hiver & l'été ne s'exerce
Toujours en semblable maison,
Je dis que ce n'est pas de même
De ces grands Cons à diadême
Qui font chauds en toute saison.

Ces petits Cons à grosses mottes,
Sur qui le poil encore ne flotte
Sont bien de plus friands boucons:
Le monde s'en iroit grand erre,
Si j'étois tout seul fut la terre
Et qu'il n'y eut que de grands Cons.

A la cinquième pièce je demandai la
permission de me mettre à mon aise & de
lire comme on lit ces fortes de livres,
c'est-à-dire qu'on les tient d'une main
Vous êtes le maitre, dit-elle, & je crois
qu'il est possible de faire mieux encore.
Laissez votre main où elle étoit. Vous
avez tort cependant de faire tant de choses

à la fois. Il ne tiendra qu'à vous, fans ces précipitations forcées, de recueillir plus agréablement le fruit de vos lectures. Je n'ai nul intérêt à ce confeil, parce que J'ai mon fervice réglé, & que d'ailleurs vous n'êtes point dans mon genre: mais vous lifez fort bien, & ce talent vous tiendra lieu de tous les autres auprès de moi, fi vous pouvez vous fixer.

Ce difcours piqua toute à la fois ma curiofité & mon amour propre, & j'ofai lui demander quel étoit ce genre auquel je ne pouvois atteindre. Dinés ici, & vous en ferez témoin ; car ces petites récréations n'ont lieu qu'après le repas. Le foir eft confacré au jeu, la nuit au fommeil: la fanté avant tout.

Ce genre de fervice m'accomodoit beau-coup. Nous continuames la lecture jus-

qu'au diner. Je n'ai guères vu glouton-
ner de cette force. Cet appétit promet,
obferva-t-elle. On but à proportion hongrie, champagne, cap, liqueur, punch,
caffé, &c.

Enfin fe levant de table j'entendis une
mufique délicieufe. La Dame me conduifit dans ce qu'elle appelloit fon ferrail.
C'étoit un grand fallon orné de douze tableaux dont le fujet étoit les douze .ftro-
phes de l'ode à Priape, & la ftrophe étoit
écrite au bas de chaque tableau. Jamais
je n'avois vu les neuf Mufes dans ces fonctions. Pour avoir une idée jufte du genre
de ces peintures, nous prions le lecteur de
lire l'ode, ou de la repaffer, car qui ne
la fait pas par cœur ? & de fe repréfenter
la richeffe de l'imagination, & la beauté
des fujets.

Tandis que je parcourois avidemment

ces tréfors de luxure elle fit ce qu'elle appelloit fa revue fpéciale. Six nègres & fix
Ruffes entre-mêlés étoient fur une ligne,
nuds , excepté une toile légère qui drap-
poit la ceinture. A l'inftant qu'elle pa-
roiffoit ces voiles officieux devoient être
en l'air. Elle paffoit devant , donnoit un
petit foufflet à l'un, caroiffoit l'autre, em-
braffoit celui-ci, foulevoit celui-là. quand
elle appercevoit qu'un vouloit foiblir, elle
lui faifait avaler un verre *d'eau de Vénus.*

Tout étant ainfi difposé , le concert commence. Au lieu de cantades, c'étoit les
paffages de la Foutromanie mis en mufique, chantés par de jeunes filles. On ne
connoiffoit pas ces odieux chatrés, les délices de l'Italie, & les horreurs du refte
du monde. Après ces chants venoit le
ballet , dont les fujets ne dérogeoient pas
au refte de la fête. Ce jour c'étoit l'âne
& la pucelle.

De son Cu brun les voutes s'élevèrent.

Cette scène représentée au naturel, n'é-
toit pas décente sans doute ; mais cependant ne révoltoit pas autant que des mys-
tiques ont voulu le faire croire.

La Marquise d'elle-même renvoya tous
ces chanteurs, excepté les Nègres de services, qui l'instrumenterent tour-à-tour
d'une façon neuve. L'un se présentoit &
après le succès de l'opération, il faisoit sa
toilette, l'autre recommençoit la double
cérémonie : mais je n'ose dire à quel point
l'aspect de cette vieille mégère me dégouta.
Elle sonna ; parut à l'instant une des chan-
teuses du concert, dont elle me permet
de jouir, comme j'allois disposer des beautés de cette superbe fille, elle se met à
entonner une ariette. En vain je lui dis
que nous avions bien assez de musique,
elle

elle continua toujours à chanter. Ce font
nos loix, me dit-elle après. Madame permet tout, pourvu qu'on chante en le
faifant. J'ai fu depuis l'origine de cette
bizarre manie. Les chants dont retentiffoit
perpétuellement fa maifon l'a tenoient toujours remplie de fes idés, & comme c'é-
toit la feule chofe dont elle vouloit s'occuper, elle faifoit ce qu'il falloit pour fe
la rappeller à chaque minute, auffi étoit-ce
l'expreffion : qui eft-ce qui chante là haut,
demandoit-elle ? avec qui chantiez - vous
ce matin ? Vous êtes terriblement en voix,
difoit elle à un autre: Ceux qui n'étoient
pas initiés aux myftères de cet intérieur,
croyoient qu'il s'agiffoit de mufique D'autres auffi ne favoient pas de quoi l'on
rioit quand ils entendoient dire : Rofalie
chante comme un ange ; elle a un fuperbe
gofier ; elle entonne parfaitement bien.

H

Quand l'orgie fut achevée, la Marquife rentra dans fa Bibliothèque avec moi. Vous voyez, me dit-elle, mes paffe-temps, ils font innocens. Jamais de propos calomnieux, point de projets d'ambition, on ne fronde point le Gouvernement; l'impiété dogmatifante eft profcrite ; les infâmes menées de l'ufure inconnue; l'aveugle vengeance, l'avidité infatiable, n'ont rien à faire ici. Si le refte du monde nous imitoit on n'auroit plus befoin de tribunaux, de prifons, d'échaffauts ; les larmes, l'ennui ne feroient plus connus fur la terre. La feule ombre de peine que nous conoiffions, eft le repos; & l'efpoir de recommencer nous le fait fupporter.

J'ai une double raifon de vous prendre à mon fervice. Votre talent de lire, & le projet de vous faire écrire mes journées. Elles trouveront peut-être des imitateurs,

& cette nouvelle confraternité viendra à
bout de purger la terre des grands vices
qui la deshonorent.

Je répliquai qu'il seroit bien glorieux pour
moi de contribuer à un projet si utile à l'hu-
manité, que je n'aspirois pas à tant d'éclat,
& que jusqu'à ce que j'eusse le stile formé,
je lui lirois les ouvrages des maîtres ; que
je doutois d'ailleurs que la pratique put
s'allier à la théorie. Erreur, me dit-elle ,
Ovide, Horace, Juvenal, Térence, étoient
les plus grands libertins de leur siècle. Jettez
un regard sur l'Europe moderne, & voyez
si depuis les beaux esprits couronnés, jusqu'à Sauvigny, vous verrez qu'ils chantent
tous. Dorat, Colardeau, Bernard, Malfila-
tre, ont préférés des jours heureux & rem-
plis, à des ans ménagés & partagés entre
la sagesse & la jouissance. La Marquise finit
par me persuader. Le Lecteur verra de la

profe faite chez elle dans le cours de cette hiftoire.

Cependant ma réputation croiffoit. Toutes les élégantes de Paris vouloient me voir & m'avoir. J'eus dans fix femaines, la belle *du Thé*, que je trouvai blanche & flafque, large & rouffe. *Raucourt*, qui me refufa impitoyablement tout, excepté fon cu, le plus beau que j'aie foutu ; il faut être impartial. *Durancy*, qui au troifième coup de langue me fit partir comme un ballon aëroftatique. J'enfilai *Guimard*, maigre fans doute ; mais ayant encore du velouté, & les mouvemens onduleux ; *Lefcaut*, qui fout comme elle chante ; *Olivier* qui fait l'étroite & décharge avec profufion ; *Peflin* qui ne s'y met qu'à la troifième fois ; *du Gazon* dont la motte eft fi bien fournie, la tête fi vuide, l'haleine fi forte & le cul fi ferme. Mais l'avouerai-je, je ne la trou-

vaï point chez les filles de Paris cette ivresse,
ce tempéramment délicieux, ce libertinage
ressuscitant qui semblent être l'appanage
des femmes de la cour. J'étois obligé enfin
de foutre les premières ; mais en vérité
celles-ci me foutoient. Le con, elles n'y
pensent seulement pas, tant elles ont de
moyens pour arriver au but désiré. Quelquefois je me croyois fatigué, une Comtesse m'entreprenoit, je renaissois ; il sembloit que tout ce que j'avois fait jusques-
là, n'étoit qu'un prélude. Qui n'a pas été
branlé par une Duchesse, ignore le plaisir.
Il en est une à Paris qui depuis vingt-
cinq ans branle. Vestris dansant en zéphir,
St. Huberti chantant Didon, sont lourds
en comparaison de sa main. Elle détache
pour ainsi dire les fibres des couilles, &
les agite les uns après les autres. Elle épuise
les sources, mais n'éteint point les désirs.

Depuis quelques temps, je n'avois point eu d'avantures fignalées, lorfque je fus invité à une partie de campagne dont les paſſe temps m'étoient inconnus.

C'éloit ce qu'on appelle une petite maiſon, dénomination jadis indécente, ſi fort à la mode aujourd'hui, que les femmes les plus dupes, les plus févères, les plus begueules, les plus fauvages, les plus vertueufes enfin, (car tout cela eſt fynonime) non-feulement y foupent, mais s'en vantent. Ce ſiècle ne finira pas avant qu'elles en aient elles-mêmes. Leur progrès dans le befoin de la jouiſſance, eſt infiniment plus rapide que celui des hommes. Toutes entieres à cet objet de délices, elles en font leur plus douce affaire, au lieu que le vin qui eſt très-bon, la chaſſe qui intéreſſe, le jeu qui occupe, le bel efprit qui amufe, l'ambition qui tyrannife, partagent les hommes.

Cette maison respiroit le bon goût, la volupté sa compagne, & l'opulence qui sert si bien. On voyoit avec une émotion intérieure un sallon dont le plafond étoit une glace. Quatre grands tableaux formoient la tapisserie. L'un représentoit les amours de deux jeunes filles qui trouvoient dans leurs jeux de quoi se passer de notre sexe. Leurs cuisses enlacées rapelloient Jupiter-cigne sur la belle Léda ; leurs bouches colées amoureusement l'une sur l'autre, se désséchoient d'amour, & les frottemens répétés de leurs gorges élastiques, leur causoient fréquemment de ces libations que la nature précipite. L'amour isolé dans un coin, d'un air boudeur leur tournoit le dos, & écoutoit avec impatience les tendres soupirs qui s'échappoient de leurs seins amoureux.

L'autre représentoit une procession d'amours, qui deux à deux défiloient devant de jeunes filles; les premiers, armés de leurs fléches, ménaçoient de lancer leurs traits. Elles fembloient les défier; d'autres ayant la broquette en l'air, portoient enfilés des petits cons, comme les fauvages portent les chevelures qu'ils ont enlevées; d'autres encore étoient à cheval fur des Priapes fougueux, & caracolloient deſſus comme jadis *Armand*, & de nos jours *Préville* dans Dom Japhet d'Arménie, les femmes jouant les effrayées, fe jettoient deſſus en les fuyant.

Le troifième repréfentoit le maſſacre des innocens, c'eſt-à-dire, la déconfiture des pucelages. Le Peintre avoit emprunté le voile de l'allégorie, & trouvé dans l'enlèvement des Samnites de quoi exécuter fon fujet. Dix jeunes Romains étoient repréfentés dans l'état où la beauté complaifante met la jeuneſſe fougueuſe. Les filles à cette vue., fe pâmoient, tendant les bras à ces aimables vainqueurs & leur préparoient autant qu'il étoit en elles, un ouvrage charmant & pénible.

Le dernier, repréfentoit l'Olimpe en belle humeur. Jupiter le mettoit à Vénus, fa fille ; Apollon enfiloit fa fœur ; Mars trouffoit Minerve, Ganimede faifoit un extraordinaire en faveur d'Hébé. On voyoit que la fouterie méritoit l'Apothéofe. Philippe étoit renverfé fur la Ducheffe de Berri ; Vulcain avoit refait un vit tout neuf pour *Louis XV*, & *Clément XIV* le mettoit à une Religieufe Carmelite, qui fous fa guimpe cachoit bien les plus beaux tétons qui fuffent dans ce célefte Bordel.

A côté de ce falon, étoit une pièce non moins effentielle, nommée la falle des préparations. Là fe trouvoient les vinaigres

qui rétréciffent, les pommades qui nour‑
riffent la peau, les élixirs qui rendent la vi‑
gueur, les parfums qui entretiennent la
volupté. On y voyoit des bidets d'une for‑
me nouvelle; ils repréfentoient les bains
de Diane. Un petit Endymion qui faifoit
partir un reffort venoit avec une douce
éponge careffer plutôt qu'effuyer le fiège
de l'amour.

Après avoir examiné ces utiles prépara‑
tifs, je rentrai dans le fallon, où l'on me
dit d'attendre. Le plafond fe fépare en
deux parties, & j'apperçois dans une falle
une grouppe de femmes nues qui danfoient
& fe livroient à ce que la joie la plus folle
inspire. Je les comptai, elles étoient neuf.
Je leur demandai s'il n'étoit pas permis de
fe mêler à leurs divertiffemens. L'une d'elles
prit la parole & dit: ,, Heureux & bon
,, jeune homme, vous feul pouvez déci‑

„ der la queſtion. Il faut nous avoir tou-
„ tes neuf, ou n'en avoir aucune. Nous
„ ſommes vierges comme les muſes; pou-
„ vez - vous entreprendre un travail qui
„ vaut bien ceux de votre ayeul ? „

Divinités, Muſes ou Graces, car vous
ne pouvez être que cela, repris-je, admet-
tez-moi à l'eſſai, & vous verrez ma méthode. Commencez donc, dit - elle, par
vous mettre décemment & arrivez. Je paſſai
dans la chambre de préparation & reparu
cinq minutes après. Ce ne fut qu'un cri.
„ Juſte Ciel ! s'écrièrent-elles toutes à la
fois, c'eſt la maſſue de ſon pere. „ Jeunes
beautés, leur dis-je, ce que vous appellez
un travail, n'eſt qu'un jeu; permettez ſeulement que je vous poſe. Alors j'en pris
trois d'égale taille, & je les plaçai comme
Vanloo a repréſenté les graces. J'en mis une
en levrette; une ſur une table, une ſur

un fopha, comme l'hermaphrodite, la fep-
tième comme Atalante dans l'inftant qu'elle
ramaffe la pomme, la huitieme dans une
bergere, & la derniere dans un bain.

Alors je commençai ; les trois premières
me trouverent invincible & fe retirerent
un peu éclopées fur un Divan, où l'amour
fous la figure d'Efculape, panfa leurs blef-
fures ; je fentis un moment de calme ; mais
ayant apperçu fous les voutes d'un cul
brun un petit con qui haletoit ; je puifai
chez lui une nouvelle vigueur, & je ne
le quittai que pour aller expédier deux de
fes camarades, moins preffées à l'extérieur,
mais tout auffi fenfibles. Je n'étois pas abattu,
je fentois cependant cette tranquillité qui
nait d'une expérience répétée , lorfque je
crus appercevoir un fouris mocqueur dans
celle qui étoit fur la bergere. Je tombe à
fes genoux, la fous, la triche & vais me
plonger

plonger dans le bain· J'y puifai plus de fa-
cilité & de nouvelles forces. Non-feulement j'exploitai fa dernière : mais je confeffai mon efpieglerie à celle que j'avois
trompé, & fur le champ j'acquittai mes
dettes envers elle.

Ces vertueufes perfonnes revinrent de
cette paffagère fatigue. Le premier ufage de
leur raifon fut de fe regarder en difant, Je
crois d'honneur qu'ils nous a tous eues. Je
réponds de moi, dit l'une d'entre elles. Je
fis une fingulière réflexion, c'eft que dans
la nudite, il eft impoffible d'avoir même
l'idée de l'état des perfonnes auxquelles on
a parlé. Ce n'eft pas dans les habits que
l'attitude, la manière de porter la tête,
la façon de fe placer fur fes jambes qui
donne ce que nous appellons l'air comme
il faut. Ce n'étoit pas le tout cependant
d'avoir foutu ces aimables filles, il falloit

I

auffi les connoître. C'eft la meilleur façon
fans doute de lier la converfation; mais
quand on ne s'eft pas tout dit, faut-il fe
mettre dans l'heureufe poffibilité de fe re-
trouver.

La feconde que j'avois exploitée m'a-
voit rendu fi abondamment plaifir pour
plaifir que je le remarquai, & comme je
me trouvois affis près d'elle, je lui propofai de paffer une chemife & un corfet,
pour aller enfuite fous des bofquets que
nous voyons des fenêtres. Volontiers, me
dit-elle, auffi bien ce qui vient de m'arriver me fait naitre des doutes que je
veux éclaircir avec vous. Si vous êtes
auffi-difpofé à fatisfaire ma curiofité que je
le fuis à lever vos doutes, bientôt vous
n'aurez rien à défirer. Tout en faifant
ces petits complimens préliminaires je la
conduifois infenfiblement fous un berceau,

où les fleurs fervoient encore de parure à la fraicheur des charmilles. —— D'abord, lui dis-je, me fera-t-il permis de connoître l'objet charmant que j'ai le bonheur d'entretenir ? —— Ne l'efpérez jamais. Vous nous croyez des filles ; confervez cette idée.—— Non, elles ont moins d'éclats & plus de defirs. A force de la preffer & de fuppléer par des baifers lafcifs au jeu pétulant des doigts, elle perdit la raifon, & dès-lors la difcrétion.

Nous fommes, me dit-elle, neuf extravagantes, une de nous a un père, propriétaire de cette maifon. Elle a eu l'adreffe de lui voler une clef. Nous fommes échappées enfemble de notre couvent pour la venir voir. Les tableaux du fallon ont allumé un defir de réalifer ces charmantes fables. La première que vous avez expédiée eft nièce de l'abbeffe d'un certain couvent où vous avez été introduits, & sœur d'une religieuse, qui d'un tonneau fit un sopha. Cette sœur lui a conté votre brillante nuit ; alors nous avons comploté de vous essayer, & comme nous ne voulions jamais pouvoir être connues, & que la diversité des habits pouvoit nous trahir, il nous a paru plus simple de nous mettre dans une parure analogue à nos projets.

Ce récit étoit assez bien arrangé pour être cru. Je remerciai cette belle enfant de ce moment d'intérêt, & lui fis cependant comprendre que les demi-confidences inquiétoient sans satisfaire. Mes sollicitations furent vaines. Je voulus essayer une autre façon, & devoir à l'yvresse ce que sa prudence réservoit. Quelle fut ma surprise lorsque la plus sincère résistance glaça mes efforts. Non, ce que nous avons fait étoit une folie de jeunes filles, ce que je ferois à présent seroit une foiblesse de

femme vertueuſe. On peut bien ſans pré-
tention comme ſans projets, ſe permettre
une gaité; mais céder à un penchant, nourrir
le feu du deſir, emporter le tourment des
regrets, c'eſt ce qui ſeroit impardonnable.

Il en fut de mes entrepriſes ſur ſa ſa-
geſſe comme de celles ſur ſa diſcrétion.
Je me levai ſans rien ſavoir & rien avoir.
Je réſolus cependant de déchirer le voile
de ce myſtère, & lorſque j'eus ramené ma
belle inconnue au milieu de ſes compa-
gnes, je leur dit; un mot de votre part,
mes dames, acheteroit mon ſilence, mais
votre inſultante défiance me laiſſe la liberté
de parler. Cette aventure eſt aſſez flat-
teuſe pour aimer à s'en vanter. J'emporte
vos phyſionomies, & le tems qui a la fin
rend tout ce qu'on lui confie, m'apprend-
dra peut-être ce que vous croyez devoir
voiler.

Quelque foit la caufe de la célébrité à Paris, elle produit le même effet. C'eft toujours un délire, paffager il eft vrai, mais affez long pour faire la fortune de quiconque en eft l'objet. On a vu la Capitale raffoler de Madame Pater, devenue Madame Neukerke, & enfuite Madame de Champcenetz. Cette Chryfalide avoit toujours les qualités du papillon, éclat, légèreté, inconftance. L'hiver dernier il n'étoit queftion que du gofier d'un Mr. Garat, frère un peu bête d'un avocat qui a beaucoup d'efprit. Il chante comme un ferein. Les deux frères font leur métier fans jamais l'avoir appris. Ils ont peu de principes dans leur art; mais ils plaifent aux femmes & aux hommes qui font leur écho.

Quand je vis que tout le monde me préconifoit, je conçus la folle idée d'avoir

les plus jolies femmes. Commencer par
la Cour étoit un coup de maître. Je fis
connoiſſance avec un vieux Seigneur qui
eſt encore malin, il me promit de me pré-
ſenter aux amatrices. Il me mêne en
effet chez la Ducheſſe de ***; Madame,
lui dit-il, j'ai l'honneur de vous préſen-
ter un jeune homme qui bande. Elle lui
donna un petit coup d'éventail & enſuite
ſa main à baiſer. On ne parle que de
Monſieur, ajouta-t-elle. je ne ſais ce que
c'eſt que ſa réputation; mais j'entends dire
à tout le monde qu'il eſt aimable & officieux. Mon genre d'éloquence, lui répliquai-je, n'eſt pas celui de feu *Cicéron*. A
l'inſtant je me leve, prends la Ducheſſe
par la main, & m'offre de la conduire
dans une chambre voiſine. Elle me ſuit
machinalement. A peine eſt-elle dans ſa
chambre qu'elle eſt baiſée langue en bouche,
priſe par les tettons, retrouſſée juſqu'au

nombril, renversée sur les reins, enfilée comme une perle, foutue comme une danseuse, pâmée comme une carpe, & inondée comme *Oliba*. Mais, cher jeune homme qu'avez-vous fait? Savez-vous qu'une femme de mon rang... n'est pas aisée à contenter, dis-je; & dans le moment je la recommençai avec une fraicheur qui l'étonna. Vraiment reconnoissante elle me tutoye, me serre amoureusement entre ses cuisses, & me demande ce qu'elle peut faire pour moi. — Bien décharger, lui dis-je; & me permettre de revenir dans vos bras. Mon talent de fouteur me rend indépendant; je n'ai besoin ni de vos ministres, ni de vos Dames, ni de cette foule de protecteurs qui rendent la Cour si triste & des services si minces. La nature m'a donné l'haleine fraiche, les couillons retappés, un vit infatigable, une humeur toujours enjouée, un estomach dévorant.

La raifon de M. de Vergennes, la faveur de Madame de Polignac, l'efprit de M. de Calonne peuvent-ils approcher de cela ? Bon foir, Madame la Ducheffe, je fuis à vos ordres pour la femaine prochaine, j'ai encore à faire ce foir une Princeffe & deux Marquifes.

J'avois déjà vu cette Princeffe ; je pénétrai dans fon appartement & lui remis un billet de la Darmand. Elle étoit dans un boudoir foiblement éclairé. Son deshabillé étoit extrêmement galant ; fa figure un peu fèche, mais ardente ; les membres fournis & l'œil de feu. ,, Je vous avoue, mon ,, cher Monfieur, me dit-elle, que je fuis ,, un peu difficile. J'ai vingt-fix ans & mon ,, pucelage ; mais ayant toute ma vie vécu ,, avec des femmes, je fuis devenue un ,, peu largette. La Darmand qui connoit ,, mes goûts innocens, m'a dit que vous ,, aviez de quoi réparer les torts que m'a

„ fait mon fexe. Je le crois ; cependant avant
„ de me prêter aux circonftances, ne fe-
„ roit-il pas poffible de voir·à qui je vais
„ avoir affaire ; il me feroit cruel de me
„ compromettre en faveur d'un honnête
„ homme, fans doute, mais qui pourtant
„ ne feroit qu'un homme ordinaire. Je ré-
„ pliquai à cette per-oraifon de Cour, „
Votre prudence, Princeffe, eft tout-à-fait
à fa place ; il eft jufte de vous tranquillifer ;
voici mon outil ; j'efpère qu'onze pouces
& fa quarrure vous fuffront. A fon afpect
elle recule & tombe prefque fans connois-
fance ; je faifis ce momenr & veux l'enfiler,
lorfqu'elle part comme un jet d'eau. Je lui
laiffe paffer cette première vivacité, &
lorfque ces fens font devenus plus calmes,
& qu'elle eft en état de favoir ce qu'elle
faifoit, je la foutis deux fois avec une vigueur extrême pour mâter, s'il étoit pos-
fible, cette férocité de tempéramment. La

premiere fougue parut s'appaiſer en effet ;
mais cette feinte tranquillité préparoit une
nouvelle irruption ; elle me ſaiſit & voulant baiſer le miniſtre fortuné de ſes plai-
ſirs, elle ſe l'enfonce avec une telle glou-
tonnerie, que la machoire ſe démantibule ;
elle jette les hauts cris Elle ne pouvoit ar-
ticuler une parole. J'étois vraiment embar-
raſſé des ſuites d'un pareil accident, lorsqu'elle me fit ſigne de la ſuivre. Elle ſe
panche ſur une commode, me préſente ſon
cu ferme & me fait ſigne de le lui mettre.
Je ne ſavois quelle route il falloit prendre ;
dès lors qu'elle me ſent, elle ſe met à ca-
racoller, à faire des hauts-le-cul, à bondir ;
en effet, cette ſuite de mouvemens lui
rémirent la machoire. Lorſqu'elle eut re-
couvré la parole, elle me fit mille excuſes
en me jurant qu'elle n'étoit point bougreſſe;
mais qu'elle avoit oui dire que les évolu-
tions du croupion donnoient du reſſort à

toute la machine. Elle finit par des complimens qui m'humilioient; car s'il est beau
de foutre, il est plus beau encore d'être
modeste; mais le temps s'envoloit. J'avois
promis le bon soir à deux marquises. La
premiere étoit folle comme un brac, jolie
comme Vénus; j'arrive tout essoufflé. Bon
Dieu! s'écria-t-elle ce n'est que ça J'ai cru
voir un homme beau comme Endymion;
partez; j'ai mieux que vous; je la laisse dire
& même j'étois sur le point de tourner la
chose en plaisanterie, pour avoir un prétexte de la remettre au lendemain. S'apper-
cevant que ses sarcasmes ne me déconcer-
toient ni ne m'irritoient, elle baissa le ton.
Alors je jouai l'homme piqué & voulus
ménager ma retraite. Elle s'en offense; je
confesse que son esprit a fait plus d'impres-
sion sur moi que sa figure. Elle devient
furieuse. Les propos s'en mêlent, sachez,
me dit-elle, mon petit Monsieur, qu'un
homme

homme comme vous bande, fout & part.
Apprenez, Madame la Marquife, qu'une
jolie femme trop capricieufe eft quittée,
ratée & peu regrettée. — Vous me ferez
raifon de cet infolent propos. — Comment?
Vous me le mettrez. — Mais fi je fuis
nul ? — Cela m'eft égal; vous banderez.
— Sans vous fâcher, rendez la gaieté à vos
yeux charmans, découvrez ce fein admi-
rable, permettez que ce triple juppon dis-
paroiffe, & vous n'aurez pas befoin d'or-
donner.

Elle fuivit mes confeils. La douceur
m'apporta de nouvelles forces. Je lui propofai de lui mettre en levrette ou fur une
table. Des deux façons, me dit-elle, mon
tendre ami; enfuite je ferai mon choix.
J'admirai dans les plus petites chofes la
prudence des femmes de Cour, & je me
mis en devoir de la dédommager de mon
impertinence. vous foutez proprement,

K

me dit-elle, mais vous êtes un infolent, & cela n'eft pas bien. — Je pourrois vous rendre, répliquai-je, le même compliment & la même injure. Pourquoi ne pas oublier que vous êtes Grande d'Efpagne. La nature fe glorifie d'avoir fait un fouteur, & fe moque des Ducs, des Vidames, des Chevaliers Teutoniques; foyez aimable & laiffez aux bégueules triftes ou laides la ftérile confolation des titres. Je vis que ma leçon opéroit. Elle tomba à mes genoux. Orgueilleux & fenfible je la relevái, & pour lui faire ma cour je la branlai voluptueufement. Branler n'eft pas foutre, me dit-elle en fouriant, mais cela vaut mieux que rien. Nous nous féparames en nous jurant que la nuit du furlendemain répareroit nos torts réciproques.

Cette triple aventure m'apprit cependant à connoître ce qu'on appelle des

femmes de Cour. Il faut être juste, elles
font dignes de leur réputation. Elles ont
la fesse mobile, de l'élévation dans les sentimens; la peau douce, les graces du langage; des échappées de tempérament &
de dignité qui font précieuses; ce qui me
frappa encore c'est leur hardiesse, leurs
propos, leur expédition, leurs mouvemens, les paroles, la promptitude; elles
foutent comme on éternue, & déchargent
comme Jupiter, foutant comme Danaé.
On auroit foutu la moitié de l'Opéra, la
jeunesse des Italiens, & le serrail de Bor-
deau, que l'on ne peut juger de rien, si
l'on n'a pas eu une femme de Cour. Mais
il ne faut pas mollir. A la plus légère apparence leur œil s'allume, & elles feroient
capables de vous arracher.. (je ne sais quoi,
ou plutôt je le sais bien; mais les livres
décens n'admettent point de tout dire)
si on les ratoit. Mettez le leur au con-

traire avec action, elles vous lancent en
l'air comme un Ballon aëroftatique. Il
faut rendre hommage à qui il appartient.
Les femmes de la Cour font au-deffus de
ce qu'on en publie. Mais comme leur
régime commençoit à attaquer ma fanté,
je réfolus de defcendre d'un cran & de me
jetter dans les femmes de la ville. Mes
fuccès furent moins rapides. Je n'en trouvai
pas une fans amant. Elles avoient ce qu'on
appelle des inclinations. L'ivreffe de l'amour
pouvoit feule légitimer leurs complaifances.
Parmi les femmes à fentimens, il y a un
jargon héroique. Se laiffer embraffer, eft
une *imprudence*; fe le laiffer prendre eft
une *faveur*; fe le laiffer mettre eft une
foibleffe; avoir du tempéramment, eft être
fenfible; n'avoir qu'un homme à la fois,
c'eft fe *bien conduire*; le faire cocu, c'eft
un tort impardonnable. J'appris ce diction-
naire du cœur, & je me préfentai chez une

Préfidente qui débuta par me faire de vifs reproches fur l'abus de mes talens. Je lui confeffai tout, pour avoir le prétexte d'allumer fes défirs par des defcriptions voluptueufes. Je vis fon imagination s'enflammer, fon fein battre, & fa parole s'embarraffer fur fes lèvres brûlantes. Alors, l'embraffant avec ardeur, une feule chofe, m'écriai-je, peut me fauver, c'eft une paffion; une feule perfonne peut me l'infpirer, c'eft vous. Agréez l'hommage de ce vit pénitent, (il le lui montre) qui veut pour jamais fe concentrer dans vous ; infolent, me dit-elle, cachez-vous, fuyez vîte & laiffez moi. Sachez que j'ai un mari. —— Dès que vous l'aimez, ce n'eft pas le tromper, c'eft le remplacer. Il juge mieux qu'il ne faut. ——Si rien ne peut vous arrêter, fachez donc mon fecret, j'ai un amant que j'adore. ——Je vous rappellerai fes vertus. La jaloufie redoublera mes défirs, jugez de

la vigueur de mon amour. — Vos tendres
propos triomphent de ma sageſſe ; de grace,
quittez moi. Que voulez-vous faire d'un
cœur qui ne peut vous appartenir ? — Eh
bien cruelle ! il me vient une idée, puis-
que je ne puis vous obtenir, je vais vous
violer. Le mari, l'amant ſont ſauvés par-
là. Je m'immole pour eux & ſuis la ſeule
victime ; car il eſt affreux de devoir à la force
ce qu'ils doivent à la complaiſance — T'ant
d'amour, répond-elle, mérite quelque choſe
de ma part ; j'y conſens, violez ; mais ne
vous attendez pas à la plus petite ſenſi-
bilité.

La fouterie à ſes bégueules comme la
vertu. Je me laſſai, je l'avoue des mievre-
ries des Préſidentes. Je craignois auſſi de
m'uſer. Paris eſt un lieu charmant ; mais
qui ſe venge bientôt par le plus froid mé-
pris de l'accueil exagéré, qu'il fait à la

beauté comme aux talens. Pour prévenir
l'ennui inséparable du calme après le moment de la célébrité, je résolus de faire un
voyage en Ruffie, où mes petites façons
font plus goûtées qu'ailleurs. Comme elles
demandent de l'exercice, il m'étoit impos-
fible de m'expofer à me rouiller pendant
un voyage de fi long cours. Il fallut donc
me faire précéder par des avis & prendre
des lettres de recommadation de femmes
qui pouvoient les donner fans fe compromettre. Je pris ma route par Mets. J'y étois
adreffé à Mad. de S. R. dès qu'elle me vit,
il lui prit un fourire, qu'elle ne put mo-
dérer avant feulement de m'avoir falué.
Pendant qu'elle fe tenoit les côtés, je la
retrouffe. Elle s'emporte, & me demande
avec hauteur fi j'imagine que c'eft pour
la premiere fois qu'on le lui propofe? fi
elle ne vaut pas au moins la peine d'être
follicitée; je me confonds en excufes & veux

me retirer. Ce feroit compromettre, je le
fens bien, ajoute-t-elle, l'amie qui vous
adreffe à moi ; mais fongez, mon petit Monfieur, que fi j'étois moins honnête, vous
ne m'auriez certainement pas. Je pris de
l'humeur à mon tour & voulus me retirer.
Non, non, dit-elle, dame touchée, dame
jouée ; mais j'ai voulu vous prouver que
les femmes de Province avoient un peu
plus de principes que vos femmes de Paris.
Je me laiffai vaincre, & au lieu de répondre, je l'embraffai ; méthode plus fûre avec
toutes les femmes du monde. A fa pruderie près, je lui rends juftice. Elle avoit
une élafticité dans la charniere qui fuppo-
foit un grand ufage du fentiment. Je ne pûs
lui donner qu'une nuit. Elle ne fût perdue
ni pour elle ni pour moi.

Je partis le lendemain pour Strasbourg
où j'étois attendu avec une extrême impa-

tience par une femme que je ne connoif-
fois point. Le bruit de mes petits exploits,
étoit parvenu en Alface. Elle avoit follicité
une lettre. J'en étois en effet le porteur. Je
me fais annoncer. Elle me faute au col,
me dévore, me laffe. ,, Je te connois, me
,, dit-elle, adorable vainqueur de mon
,, fexe. Je t'en révèle les fecrets ; fois fûr
,, que tu peux commander à la terre. ,, Elle
me fait promettre de fouper chez elle. J'acceptai. Elle précipite l'heure du coucher.
Nous nous fauvons dans fon lit ; elle, pleine
de défirs & moi de malice. Soit fatigue du
voyage, foit dégoût de fon meffalinifme,
je demeure infenfible, & le fommeil favo-
rifant ma vengeance, il m'enlève à l'espoir
de ma compagne enflammée. Furieufe,
hors d'elle - même, elle invoque mille
moyens lafcifs ; je réfifte. La tendreffe af-
fligée prend la place des befoins non fatisfaits ; je paie en beaux fentimens les aveux

intéreffés. Enfin la colere, derniere & im-
puiffante reffource de ceux qui ont tort,
s'allume; les ménaces s'en mêlent; le tem-
ple de l'amour devient l'antre des furies.
A ce courroux, j'oppofois mon état débile
& je follicitois une indulgence dont il ne
tenoit qu'à moi de n'avoir pas befoin;
alors elle m'adreffe ces mots expreffifs :

„ Homme infolent & barbare, n'avez-vous
„ foutu l'univers que pour me rater ? &
„ pour faire pis encore ; car enfin rater,
„ peut être un malheur, mais ne pas ban-
„ der eft une infulte. Vous, fils d'Her-
„ cule! non, vous n'êtes point forti des
„ couillons fumans de ce Dieu, & Ther-
„ fite vous foutit un jour. Que t'ai-je fait,
„ cruel, pour dédaigner la motte la mieux
„ fournie, le cul le plus brûlant & le cœur
„ le plus tendre ? Fous-moi, cruel, ou ma
„ vengeance te pourfuivra jufques dans le

,, Bordel de Proferpine ,,. A cette profopo-
pée, je bandai. Il y avoit dans fes expref-
fions , une certaine énergie qui agit fur mon
imagination. Madame de M. s'en apperçut.
Sa fureur s'appaife , le fon de fa voix s'a-
doucit ; elle s'humilie devant fon vainqueur & baife en fuppliante fon nez au-
gufte.

Je me difpofe à l'enfiler. Mais à la premiere approche il me prend une envie de
rire inextinguible ; je céde ; l'héroisme dis-
paroit, & mon Priape honteux fe cache
entre mes cuiffes pour dérober fa turpi-
tude. Alors ne connoiffant plus de frein,
elle fe leve & m'accablant des injures dont
on flétrit les bendalaifes, elle m'avilit fous
les plus honteux reproches.

Je quitte le théatre de ma gloire, & je
me dis, mon ayeul a purgé la terre des
brigands de Pilos & d'Amphryfe, c'eft à

moi de venger la volupté des outrages que lui font les meffalines & les d'olonnes. Brûlant de me venger, je m'habille, & prêt à fortir, je déboutonne ma culotte, tire un braquemar vigoureux & fors à fes yeux vit bandant de l'alcove, que tant d'autres avoient fouillée A l'afpect de cette derniere méchanceté, elle fe pâme de douleur, tombe fur fes genoux, joint & tend fes mains amoureufes, & articule fes mots, monftre cruel & charmant, que t'ai-je donc fait ? Cette pofture, cette exclamation auroient pu facilement me donner des remords; je m'en fuis & me fauval des traits du repentir chez une actrice de la Comédie ; lorfqu'elle m'entendit nommer, elle me fit figne de me coucher, fachant bien difoit-elle, qu'un homme comme moi ne fe recevoit qu'au lit. J'acceptai ; elle étoit décente & vive ; je le lui mis quatre fois, fans préjudice de la nuit pour laquelle nous

primes

primes nos arrangemens. Tant il eſt vrai
que la modeſtie donne aux déſirs plus de
feu que les emportemens de la luxure.

Je m'étois repoſé à Strasbourg; je me
rendis le lendemain à Manheim. J'étois recommandé à une femme aimable, mais ſans
tempéramment. Elle ne m'en reçut pas
moins bien. Je ne ferai point uſage pour
mon compte, me dit-elle, de vos généreux
paſſe-temps; j'ai ſeulement un caprice; ce
ſeroit de vous peindre dans un état brillant. Volontiers, lui repliquai-je, mais rien
n'eſt difficile comme de reſter long-temps
oiſif dans cette poſition. Il y a cependant
un moyen. Voici une demoiſelle qui eſt
extrêmement jolie; ſi elle veut ſe placer
devant moi & me montrer de temps en
temps quelque choſe comme un bout de
téton, quelques doigts de cuiſſe; alors je
me tiendrai en état d'être peint; fut-ce en

L

miniature. — Ce que vous propofez eft faifable. Ma fille eft promife; je l'ai inftruite. Il n'y a nul inconvénient qu'elle fe forme. Nous prîmes heure pour la féance , & Mde. de B. me commença. Sa fille étoit affife en face , le fein couvert, excepté le bouton de Vénus qui paffoit à travers fon voile. Accoutumé à ce voluptueux objet, je fentois que je molliffois ; un peu de cuiffe Mademoifelle; elle leva lentement un jupon falbalaté qui me laiffe voir la jambe la mieux tendue & la peau la mieux fati- née. A cette vue, j'étois à peindre. Mde. de * ** toute entiere à fon art mettoit dans fon ouvrage tout le feu du fujet; la fille tenant les yeux baiffés fur moi, n'ofoit me regarder en face. Un moment après, je me rappellai quelques idées propres à rembru- nir l'imagination , & je me laiffois aller. Alors je demandai le con. Elle foulève dou- cement fes habits , écarte fes jambes trem-

blantes & s'allonge fur fa chaife. Cette image
m'égare, j'oublie la politeffe, je pars....
la mère laiffe tomber fon pinceau; là fille
porte fa main vous favez où, chacun ne
fait plus où il en eft. Je profite de l'inftant,
trouffe la mère, la fous; fa fille veut la défendre; je me retourne de fon côté, la porte
fur une table & conquis fon pucelage. C'é-
toit de cette fcène dont il falloit faire un
tableau & non du moteur innocent & aveugle de ce charmant & voluptueux défordre, après avoir entendu, furtout, cette
phrafe de la mère; ciel que dira ma fille?
& celle-ci, bon Dieu! que dira ma mère?

Revenu de la premicre pétulance, je
demandai à Madame de *** fi nous con-
tinuerions la féance? un grand foufflet paya
ma plaifanterie. Il eft cependant vrai, ba-
dinage à part, ajoute-t-elle, que jaimerois
mieux que vous me l'euffiez mis fix fois
de fuite cette nuit, qu'une feule devant

cet enfant qui doit être abimé d'une part,
& qui précisément a besoin de son pucelage
dans quelques jours.

C'étoit le moment de commencer les
excufes ; je les affurai que mon intention
étoit aussi respectueuse que mon procédé
l'étoit peu ; que je vivois de mes torts, &
que c'étoit eux-mêmes qui me rendoient
incorrigibles ; mais qu'à l'avenir nous ne
nous permettrions plus de rapprocher si
près le modèle & l'artiste. Cette aventure
n'est cependant pas demeurée fort fecrette.
Le mari de la demoiselle me l'a depuis ra-
contée, en me nommant une autre hé-
roïne.

Je regrettois de ne pouvoir m'arrêter
plus long-temps, non pour la Ville, dé-
ferte depuis qu'elle a perdu le maître qu'elle
a eu, & triste en penfant à celui qu'elle
aura ; mais pour la fociété qui est douce,

accomodante, & faite pour un amateur.
Quand on fout, on eſt attendu partout.
Mayence tenoit depuis trois jours dix là-
quais ſur le grand chemin, ils arrêtoient
toutes les chaiſes de poſte pour ſavoir ſi je ne
m'aviſerois point de paſſer de bout. Non, la
Darmand m'avoit recommandé une Comteſſe
qui auroit mérité un ſéjour de trois ſemaines.

Après être convenus de nos faits, ce qui
fut l'affaire de cinq minutes, elle me demande ſi j'étois homme à entrer dans les
fantaiſies des femmes. Voué à leur ſervice,
lui dis-je, comment le remplirois-je ſi leurs
petits caprices n'étoient pas les ſouverains
de mes volontés ? Eh bien, dit-elle, mon
cher, je déteſte autant mon mari, que j'aime
la choſe, & je voudrois la faire devant
lui, afin qu'un jour dans une de nos diſ-
putes, je puiſſe lui planter au nez que je
l'ai fait cocu ſous ſes yeux, & lui démontrer qu'il eſt auſſi dupe que jamais cocu.

ne l'a été. L'entreprise me parut hardie,
je le confesse; il y avoit cependant quelque chose de féminin, d'audacieux dans ce
projet qui me tenta; je soupçonnai en effet
que ma Comtesse étoit un peu coquine; la
gloire de l'invention lui demeura toute entiere; le lecteur décidera qu'elle place elle
lui donne parmi les fouteuses célèbres de
l'antiquité & de notre siècle.

C'étoit précisément la fête de son mari.
Elle voulut lui donner un bouquet; elle
avoit mis dans son plan un Opéra comique.
Le tableau parlant fut choisi. Le Sécretaire
d'Ambassade de France devoit jouer Léandre. Elle l'envoie chercher & lui demande
comme un service essentiel de feindre une
indisposition pour le lendemain. Elle lui en
dit la raison avec cette sincérité apparente,
qui est le premier rôle que jouent les femmes dans la comédie de ce monde. ,, On
me mande dit-elle que M. *Hercule* est le

le premier bouffon de ce siècle, je voudrois voir quelques-uns de ses tours. Je le pricrai de prendre votre rôle ; pour ne pas faire manquer ma fête, il ne me refusera pas. Le Sécretaire consent ; la Comtesse propose, j'accepte, la pièce se joue. A la septième scène, Colombine dit à Léandre & à Isabelle : ,, *Allez faire un tour de jardin.* Ils saisissent ce moment, le mettent à profit sur un gazon, & reviennent chacun avec un bouquet à la main. On voit l'allusion ; l'époux reconnoissant applaudit, s'incline, fait mille remercîmens. L'éclat du plaisir ne lui suffisoit point. Il faut nous rejoindre ce soir, lui dit-elle, pour mieux jouir de nos succès ; trouvez-vous à minuit dans ma garde-robe, dont la porte donne sur le corridor. Je m'y rendis. Mais qu'elle fut ma surprise lorsque j'entendis très-distinctement la voix du mari. Je m'approche du trou de la serrure & l'apperçois ôtant ses jarretières.

Je favois qu'il n'y avoit qu'un lit, & n'ap-
percevois pas ma place dans cet appartement. Quelques minutes après, elle entre
dans fa garde-robe, & me prenant par la
main, elle me mène dans la ruelle où je
demeurai une minute ; enfuite après elle fe
couche & me fait figne de me mettre fur
le tapis qui favorifoit tous ces petits mouvemens. Le mari paifible, ne penfoit guères
qu'à dormir ; la Comteffe fortoit du lit
tout ce qu'elle en pouvoit fortir, & moi
à genoux, j'arrivois jufte a la hauteur qu'il
falloit pour le lui mettre. Elle étoit même
déjà enfilée, lorfque fon *argus* qui ne dor-
moit pas encore, parla de la fête & du
fpectacle. —— Il eft vrai, dit-il, que ce jeune
Parifien eft excellent dans ce genre. —— J'ai
vu plufieurs acteurs faire ce rôle, mais
perfonne *ne le fait mieux que lui.* —— Il
faudroit le garder ici quelques jours.——Cela
ne fera pas difficile, —— Pourquoi ? C'eft

qu'il y a ici une certaine Comtesse ——Quelle
folie? à peine la connoit-il. —— Je sais bien
ce que je dis —— Je le sais encore mieux
je vous assure qu'il l'a. —— Je me doute bien
encore une fois de qui vous voulez parler;
je n'en crois rien. —— Vous faites très-bien,
& lui fait encore mieux.

Le sujet de cette discussion anima l'époux,
& voilà qu'il veut se mettre en train. Où
êtes vous donc lui dis-je? —— Ce que vous
voulez ne se peut pas. J'ai une perte qui a
commencé ce soir à la Comédie & qui
vient de redoubler. —— jamais je ne vous
ai vu pareille maladie. —— jusqu'ici je
n'y étois pas fort sujette. ——Il faut prendre quelque chose. —— C'est à quoi j'ai
pensé cette fête. ——Mon ami, ne trou-
blez pas ma satisfaction. Ce que j'ai fait ce
soir, je le ferois encore. Si cela vous a
causé du plaisir, j'en ai eu plus que vous.

après ce compliment, il s'endormit. Ma
Comteſſe ſe laiſſa tomber ſur le tapis &
s'abandonna à une ivreſſe de tempéramment dont l'image m'eſt néceſſaire, quand
je veux faire quelque exploit un peu fa-
meux.

Il eſt un terme à tout. Le ſommeil me
rappelle dans ma chambre & le lendemain
je me rendis à Francfort. Ville triſte, ſo-
ciété guindée, femmes paſſables, hommes
mal élevés. Ce qu'il y a de mieux, c'eſt
l'égalité des conditions; on voit à la re-
doute un Libraire aux genoux d'une Prin-
ceſſe, & le fils d'un général Ruſſe, au ſein
de la Bourgeoiſie; je fus à la Comédie. La
ſalle eſt bâtie au rebours du bon ſens; les
acteurs déteſtables, mais meilleurs que les
pièces; habits déguenillés, illumination
mesquine, orcheſtre à la diable, applau-
diſſemens portant à faux, enfin, une vraie

rapfodie comique. Le Directeur a une jolie
femme qui m'auroit retenue quelques jours
fi je n'avois eu des raifons preffantes de me
rendre à Hanovre. C'eft-là une Ville, j'étois
adreffé à un élégant ; je commençai par une
toilette recherchée & mis une culotte extrêmement jufte ; je m'étois apperçu que
mon vifage étoit toujours la feconde chofe
qu'on examinoit chez moi ; je me frifai
en flambeau d'amour, & fuivis mon guide
qui me conduifit à une affemblée. A peine
ai-je paru, qu'il fe fit dans la falle un grand
filence ; les hommes fe mirent à rire ; les
femmes portoient leur éventail fur les yeux,
celles auxquelles j'étois préfenté, rougif-
foient, & mon introducteur avec un rire
fardonique, avoit l'air de faire une épigram-
me à chacune de ces dames. La préfentation
de Mde. du Barry, à Verfailles, étoit plus
ridicule, plus tumultueufe ; mais n'étoit
pas auffi plaifante que celle-ci. On voulut

me faire jouer. La dame de la maison m'ayant demandé à quel jeu je jouois, ce fut un éclat de rire universel. Je m'offris pour un reversi. Nouvelles sources de bons mots. Mme. de Genlis n'en a pas plus essuyé sur le *Quinola* que je n'en occasionnai à cette partie. Le souper ne fut pas moins gai. On me demanda des nouvelles de Paris. Il fallut donner la carte des arrangemens. J'y mis bien de la discrétion ; mais cependant je ne pus m'empêcher de dire que le Gouverneur de Paris avoit succédé à Louis XV, comme Louis XV à Pharamond. Que la P. d'henin avoit cédé Mr. de C.... à Mme. de C..... Je leur récitai ensuite quelques petites pièces de vers, entr'autres cette requête à l'Intendant de Lyon.

REQUETE d'une Lyonnoise à M. de Flesselles, Intendant de Lyon.

Monseigneur supplie humblement
La Physicienne Amarante ;

Et

Et très-respectueusement
Quoique jaseuse & bien disante
Vous remontre brièvement
Que pour l'honneur de la Patrie
Et d'un sexe aimable & charmant
Dans l'art qui nous donne la vie,
Elle travaille assiduement
A convaincre d'égarement,
Les Physiciens d'Italie.
Qu'en tous lieux ses fréquens essais
Sur la partie essentielle
De notre histoire naturelle
Sont couronnés par le succès.
Que sous la loi voluptueuse
Plus d'une fois l'onde amoureuse
Au plaisir a servi d'autel
Et dans les mines de St. Bel (*)
Malgré la vapeur sulphureuse
Elle a brulante, courageuse,

(*) *Mine de cuivre.*

M

D'un gnôme accepté le cartel ;
Mais qu'à la gloire qui la guide,
Monseigneur , il reste l'éther ,
Et son chef-d'œuvre en l'art d'Ovide
Aux yeux jaloux d'une Silphide ,
Elle voudroit le faire en l'air.
Ce considéré, qu'il vous plaise
Engager M. Montgolfier,
Rival heureux de l'aigle altier,
A la placer bien à son aise
Au coin du Ballon merveilleux
Que vous dépêchez vers les cieux
Elle en sera reconnoissante ,
Et bénira votre grandeur
Pour notre mutuel bonheur.
La requête est intéressante ,
Daignez l'honorer, Monseigneur,
Comme Intendant , comme amateur
D'un *soit fait* à la suppliante.

Le fracas que faisoit mon arrivée, étoit

cependant un obstacle à un succès. Un de
ces Messieurs se hasarde le lendemain à me
dire que si ce n'étoit pas une indiscrétion,
ils désireroient que je les misse à même de
juger de la fidélité de la Renommée dans
ce qu'elle racontoit de moi. Je répondis
qu'on exagéroit toujours ; que ces bruits
n'étoient cependant pas sans fondemens ;
que j'étois prêt si quelques femmes vouloient partager leur curiosité. —— A vous
parler vrai, nous foutons ici tout bonnement, & nous ignorons comment arranger ces sortes de parties —— Ordinairement
on invente une fête qu'on compose de
femmes qui soient sages ; mais non pas
prudes. On prépare leur tempérament par
de la danse, du Champagne & une bonne
demi douzaine de polissonneries qu'on se dit
à l'oreille & qui circulent dans toute la
chambre. Dans le moment de l'ivresse, on
propose un jeu, un plaisir ; cela, c'est mon

affaire. On accepte ; le foupé eſt fixé ; les invitations ſe font , & la fête compoſée de douze femmes & de douze hommes, commence ainſi que je l'avois propoſé. Après le foupé , je mis fur le tapis le colinmaillard turc. Qu'eſt - ce que c'eſt ? qu'eſt - ce que c'eſt ? J'expliquai comment il ſe jouoit. On commence d'abord , leur dis-je , par ſe maſquer juſqu'aux dents ; on ſe met en rond ; il y a deux perſonnes à qui l'on bande les yeux , une femme & un homme ; la femme doit deviner les hommes , & l'homme les femmes. Le reſte s'apprend en faiſant un tour.

On ſe lève de table ; chacun va ſe maſquer. On tire au fort. Je l'aidai. Mme. de Li doit bander les yeux ainſi que moi. Alors je l'inſtruiſis & lui dis que c'étoit au bouton des culottes qu'elle devoit s'adreſſer , comme je ferois fous les jupons. Quand tout le monde eſt rangé je vais à tatons &

tombe fur une paire de tettons fuperbes ;
Mme. de * * *, m'écriai-je ; (je nommai
une femme qui n'en avoit prefque pas) non
répond-t-on, Je paffe. Je trouffe un mafque
& trouve un poil frifé, fort, fourni, (je
nomme une blonde) paffe, me dit-on,
vous n'y êtes pas. Madame de fon côté
trouve un vit énorme qui fe roidiffoit
fous fa jolie main, elle appelle, le Comte
de ... qu'elle connoiffoit modeftement
pourvu ; & tous deux parcourant tous les
joueurs eurent l'efprit de fe tromper. C'é-
toit à qui feroit colin maillard ; mais les
attouchemens d'une part, de l'autre la
vue des objets, repandirent une telle fureur hiftérique que le cercle fe rompt, &
au lieu de continuer les uns tombent fur
un canapé, d'autres fur une bergère,
ceux-ci vont dans un boudoir, ceux-là fe
laiffent aller fur le tapis, & tout eft foutu
dans un quart d'heure, & ce bruit con-

M 3

fus de foupirs, de foutre, d'exclamations,
de cris, de ah..ah... étoit la plus délicieufe fymphonie que j'euffe entendu depuis longtems Je fis des prodiges.

Quand cette premiere fureur fut appai-
féc, on convint unanimement de garder
fon mafque. Chacun defiroit favoir qui
il avoit eue, & qui elle avoit eu. Pour
cela, dis-je, il n'y a qu'à recommencer.
Les hommes vont fe ranger fur une file
& banderont. Chaque femme paffera, &
lors qu'avec fa main elle aura reconnu
fon vainqueur, elle fe mettra vis-à-vis.
Cette cérémonie s'exécute, & chacune
réconnut en effet qui lui avoit mis. Quand
elles eurent pris leur place je commendai
l'exercice, & les rangs fe trouverent
changés de manière, que chaque homme
eut une nouvelle jouiffance. Quand tous
les couples étoient encore en jeu je pro-
duifis un flambeau, & chacun fe reconnut

Quoi! c'eſt vous Willelmine, dit Mr. de
Thor, & je vous croyois ſi maigre & ſi
froide! qui m'eut dit, s'écrioit la Baronne
de V. qu'un ſi petit homme étoit ſi ri-
chement outillé? Tout le monde s'em-
braſſa excepté la petite Comteſſe qui venoit de le faire avec un homme qu'elle
déteſtoit parce qu'il lui avoit préféré ſa
ſœur.

Ainſi finit cette ſaturnale, dont j'eus
tout l'honneur. Depuis tout le monde
s'aime; perſonne ne ſe fait de reproches,
& il n'y a guères de ville en Europe où
on foute auſſi amicalement, auſſi bien,
auſſi vite qu'à Hanovre.

Chacun avoit beſoin de dormir; le lendemain il n'y paroiſſoit pas. Les hommes
agiterent ſeulement une queſtion qui n'eſt
pas encore reſolue. Il y avoit là des
femmes qui y étoient avec leurs maris,

On demanda fi l'on pouvoit appeller cocu
celui qui le mettoit à la femme de celui
qui le mettoit à la fienne. Les avis
étoient partagés; mais à la fin on fe réu-
nit, & il fut décidé que dans pareille cir-
conftance il n'y avoit de cocu que les
maris abfens. Cela tranquillifa beaucoup
d'honnêtes gens de la ville qui n'étoient
ni fcrupuleux, ni ridicules, mais qui
pourtant ne feroient pas été bien aifes
d'être cocus.

Cette partie innocente mit une gayté
dans la fociété que les fpectacles, les bals,
les piquenic n'auroient jamais introduite.
Je reftai huit jours dans cette charmante
ville, dont j'ai emporté l'amitié des hommes complaifans, les portraits de leurs
femmes, le pucelage de leurs filles, & les
regrets finceres de tout le monde.

Je ne perdois pas de vue la Ruffie, &

je voulois paſſer à Berlin où j'arrivai les-
tement. Les femmes y ſont dignes de
leur réputation. J'étois adreſſé à Mde. de
M. Vous me trouvez, me dit-elle, au
milieu d'une paſſion violente qui me dure
depuis huit jours. C'eſt d'autant plus
malheureux que je n'y ſuis pas ſujette,
mais je vous adreſſerai à une femme de
mes amies, qui, outre le plaiſir de vous
avoir, aura encore celui de faire enrager
un traître qui vient de la quitter. Mille
graces, Madame, lui répondis-je, il n'y
a que vous ſeule qui puiſſiez me retenir
vingt-quatre heures à Berlin, dès que
vous avez la cruauté de me refuſer n'ayez
pas celle de me donner à une autre. ——
Je vous aſſure que je ne ſuis pas cruelle,
mais j'ai ce chien d'amour en tête.——
Vous n'avez donc pas eu encore l'objet
de tant d'iquiétudes; —— & non ſans doute ;
ſans cela, ferois-je auſſi empreſſée ?—— Mais

alors ce n'eſt pas une infidélité. —— Vous
avez raiſon; en vérité je n'y penſois pas.
Il eſt poſſible en effet de tout concilier.
Venez cette nuit. —— Non, dès toute à
l'heure. Je crains les remords, & peut-
être une viſite de mon rival. —— Soit,
mais vous êtes preſſant.

Elle n'avoit pas achevé que je l'avois
déjà portée ſur un ſopha, où elle oublia
ſon amour avec toute la politeſſe imagi-
nable; ce ſacrifice valoit des attentions,
j'en eu cinq, après lesquelles elle me con-
fia qu'elle commençoit à craindre que ce
que je lui avois dit ne fut un ſophiſme;
que j'avois d'ailleurs le jeu ſi agréable
qu'elle finiroit par y mêler un peu de
ſentiment, genre d'infidélité au-deſſus de
ſon pouvoir. Je me rendis, & la quittai,
en lui obſervant que puiſqu'elle avoit dé-
finitivement réſolu d'être vertueuſe, je la

priois de me donner la lettre pour son
amie. Elle ne trouva pas cette demande
fort honnête , & l'accorda d'assez mauvaise
humeur.

Cette recommandation étoit pour la Duchesse de ... ,, Monsieur , me dit-elle , vous
desirez devenir mon chambellan: c'est une
place rarement vacante chez moi. Mad.
de ***. me mande qu'elle vous a fait faire
vos preuves. La seule chose qui m'em-
barrasse c'est que je n'aime à déplacer
personne , ceux surtout qui m'ont bien
servie. — Je répondis à S. A. que mon
intention n'étoit pas non plus de nuire à
personne , mais que chez les Princesses il
y avoit toujours place pour plusieurs. —
Ce compliment pourroit passer à la rigueur
pour une méchanceté ; mais si jamais je
vous prends , vous verrez le contraire.
Venez ce soir à huit heures , Monsieur ,

je vous dirai ma réfolution dernière „

Je m'y rendis. Vous pouvez entrer
en exercice, me dit-elle ; à l'inftant j'ote
mon épée & tombe avec elle fur une
commode ; il eft difficile de voir une plus
belle peau. Mais comme je veux le lui
mettre je trouve un obftacle fi horrible
que mon Priape recule.— Eh bien, Mr
l'infolent, qu'eft devenue cette confiance ?
Je demande feulement à votre Alteffe Sé-
réniffime fi elle prend fur elle la douleur ;
quant à moi je réponds du pucelage —
Ah pucelage! vous me faites bien de l'honneur. Il n'en eft pas queftion. Mais je
fuis fans tempéramment & m'en apperçois
bien.— Votre Alteffe préfére peut-être
d'être branlée.— Entre femme, à la bonne heure ; mais avec un homme il faut
mieux.

J'effayai à donner de l'ame à ce marbre
Royal

Royal. La première fois, rien; la fé-
conde, pas davantage ; la troifième , il y
eut quelques mouvemens de cul; cela
me rendit l'efpoir ; la quatrième, le vifage s'enflamme, elle me preffe entre fes
bras, & m'embraffe fur la langue; alors je
redoublai. L'Alteffe s'en fut au diable,
elle croife fes jambes fur mon dos & décharge, mais décharge au point que je crus
qu'elle alloit perdre fes forces. ,, Si tous
les hommes s'y prenoient comme vous,
il ne faudroit faire que cela. Je vous fais
mon grand maitre, non pour me donner
triftement la main & me conduire comme
une pagode à dîner à & fouper ; mais pour
me précipiter dans mon lit, le partager,
&c. Je vous préviens que j'aurai fouvent des jours de gala. ,,

J'étois appellé à de plus nobles deftinées encore ; je fus obligé de refufer tant

de gloire, & après avoir tenu cette con-
duite, qui laiſſe des regrets, je me rendis ſans m'arrêter à St. Péterſbourg.

C'eſt-là que le faſte étale ſes magnifi-
cences avec une prodigalité inconnue au
reſte de l'Europe. C'eſt-là que la nature
fait les plus belles beaux, les tetons les
plus fermes, & des culs! ah quels culs!
C'eſt-là que les maris ſont ſans craintes,
les femmes ſans préjugés, les amants ſans
ſoupirs, les Princes ſans fiierté.

Le plaiſir eſt le Dieu tutélaire de la
nation. De-là ces jolis temples élevés à
la volupté, ces ſoupers ou l'on imite les
recherches de Paris, & où l'on ne trouve
pas des beautés que l'art répare à meſure
que le coït les dégrade; ces bains délicieux renouvellés des Romains où l'on
ajoute à la vigueur des muscles & au
velouté des membranes.

Regis ad exemplum totus componitur orbis. La Souveraine commande à un petit univers. Elle fait des Rois, appaise les querelles des uns, & promene ses pavillons pacificateurs sur les mers, afin de conserver l'équilibre, & sous l'apparence d'une neutralité chimérique, elle conserve une espèce d'égalité réelle dont doit résulter le bonheur de tous. Elle compose un peu durement avec les Turcs. Tantôt c'est une Province qu'il détache de ses états; tantôt c'est des tonnes d'or qu'il tire de ses caisses, & moyennant ces petites complaisances, il conserve Constantinople.

A peine fus-je dans cette nouvelle contrée que je me sentis une modestie à laquelle la France ne m'avoit point accoutumé. Il me sembloit que c'étoit les Russes qui descendoient véritablement d'Alcide & que nous étions également usurpateurs de fa gloire & de fon nom. Mes exploits transpirerent, on aime partout à foutenir fon pays. On croit d'ailleurs que l'embouchure de la Garonne eft à une extrêmité de la France, & que fa fource eft à l'autre. Pour éprouver ma valeur on réfolut une lutte amoureufe. Six champions me donnerent le défi : vingt-quatre fpectateurs devoient juger des coups, & l'on devoit choifir fept Grecques pour les recevoir.

On prit à cet effet une maifon de campagne à une demie lieu de St. Pétersbourg. Dans un grand fallon éclairé de cent bougies, il y avoit un fopha Turc qui regnoit tout au tour. Au milieu, étoit un tapis de Turquie, fous lequel étoit placé un vafte fomier de vingt-quatre pieds de long fur douze de large. Sur ce tapis, on étendit douze peaux d'aftracan qui étoient de la noirceur la plus luifante. Vis-à-vis les fe-

nêtres, au milieu du côté droit, étoit un
orcheftre d'inftrumens à vent.

Le rendez-vous étoit à cinq heures. Un
dîner fuperbe étoit prêt ; on fe met à table.
Tous les jus , les coulis, préparoient la
victoire. Des vins de Grèce , de France ,
du Cap, de Hongrie, joignoient leurs ac-
tives vertus. La joie bachique prélude aux
Jeux plus paifibles & plus vifs de la tendre
Vénus ; & les chanfons de *Collé* qui font
des hymnes à la fouterie , achevèrent de
mettre les fens dans cet état preffant qui
fait défirer de quitter la table.

On fe lève. Les lutteurs & les lutteufes
paffent dans le cabinet deftiné aux toilet-
tes. Les juges entrent deux à deux dans le
fallon & fe placent fur le Divan. Chacun
avoit devant foi une petite table de bois
de cédre fur laquelle étoit du café , du
punch, de l'eau de Mme. Amphoux, de
N 3

l'huile de Gingin. Six jeunes filles de quinze
ans ombragées d'un poil naiſſant , & ornées
de deux boutons de roſes , ayant pour tout
vêtement une ceinture de fleurs ſoutenue
par un ruban couleur de feu en bandoliere ,
faiſoient le tour pour ſervir ceux qui vouloient *prendre quelque choſe.* Leurs cheveux
châtains deſcendoient à moitié des épaules.

Une douce ſymphonie ſe fait entendre.
Les lutteurs paroiſſent donner la main à
une lutteuſe. Les ſept couples formoient
une marche qui mit les ſpectateurs à même
de juger de la beauté des Athletes. Les
femmes avoient une gaze d'Italie. Les
hommes portoient un petit manteau de
taffetas jonquille. Quand la marche fut
finie , les hommes délivrerent les vierges
de leurs légers vêtemens , & ſe formant
en couple ils commencerent les ébats.
La muſique imitoit les mouvemens , & à
bien dire c'étoit les culs qui battoient la me-

fure & dirigeoient l'orcheftre, qui fe prêtant au jeu rallentiffoit au commencement,
& alloit *preftiffimo* dans les redoublemens
d'yvreffe.

Nous avons oublié de dire au lecteur
que le plafond étoit de glace; & que les
fouteurs fe voyant renverfés; cela faifoit
un moyen de plus pour jouir. Le premier
jet n'eut rien de remarquable, fi ce n'eft
un cri perçant que jetta celle que je per-
forois. L'affemblée battit des mains, &
cette encouragement eut les fuites les
plus heureufes. Chacun fe releve & les
uns prirent du caffé, d'autres de la liqueur.
Les femmes firent complimens à leur héros, & ils demanderent modeftement le
tems de le mériter; tout-à-coup l'orcheftre
ayant recommencé, les fouteurs s'élancent
dans l'arene, & les femmes fe mettant deffus, elles bondiffoient avec graces. Les

chutes de rheins, les feffes colorées par le plaifir, formoient un tableau que l'Albane feul auroit rendu. Cet artifte a percé la nuit des âges parce qu'il détrempoit fes couleurs avec du lait virginal de quinze ans, voilà le fecret du coloris. Cette feconde libation dura plus que la premiere: l'affemblée applaudit plufieurs fois, furtout lorfqu'on vit quelques-unes des beautés défemparer, & rouler à côté de leur vainqueur, pamées de plaifirs & d'yvreffe. Un concert amoureux reffufcita doucement leur fens, & le defir leur prêtant une nouvelle force, on fut furpris de me voir propofer une danfe chinoife qu'il eft impoffible de décrire. Les figures font réglées de manière qu'un homme eft enfilé tandis qu'il enfile; & les efforts que font les femmes pour parer à l'infulte, ont quelque chofe de très-piquant pour les amateurs.

Je ne rendrois pas les affauts que la vigueur infatigable donna à la beauté complaifante. Tout ce qu'on peut dire, c'eft
qu'on revint jufqu'à neuf fois au combat.
Mais la plûpart tourmentoient la nature,
Je m'avifai d'un tour qui me valut le fuf-
frage des juges. A la neuvième fois je
foulevai la Grecque legerement par une
feffe, l'enfilai de manière que mon priape
étoit fon principal point d'appui, & fus
la préfenter dans cet état vainqueur à la
vue des fages.

Trois jeunes filles apporterent alors une
couronne tiffue de fleurs & de poils de
cons ; on choifit la plus jeune pour me la
préfenter, je la mis en morceau & en
donnai un fragment à chacun de mes ri-
vaux. On loua ma modeftie, & ce qui
eft rare, on convint de bonne foi, que
la Ruffie n'avoit jamais produit un devir-
gineur comme moi. Je remerciai mille

fois & nous tranſportames dans le bain
nos beautés dociles, mais épuiſées. Le
ſommeil qui répare tout, ramena les roſes
ſur leur teint, & le lendemain elles repri-
rent l'allure de l'innocence.

Cette fète ne reſta pas longtems igno-
rée. Les parties ſe ſuccederent. J'étois
couvert de diamans. Le détail de mes
jeux entraineroit néceſſairement des répé-
titions qui ne ſont agréables que pour les
actrices. D'ailleurs il y a des perſonnes
que je ne veux pas indiquer. Je leur ai
promis le ſecret; dans mon état je ſuis
comme un confeſſeur; le ſecond mérite
auprès des femmes eſt la diſcrétion.

Quand j'eus paſſé deux mois dans cette
brillante capitale, je me ſentis un deſir
ſecret de revoir ma patrie. On me flat-
toit que je faiſois un vuide; je me diſ-

pofois à p artir lorfqu'un événement im-
prévu changea tous mes projets. On vint
me dire qu'il dépendoit de moi d'être Viceroi d'Oreb. Je crus rêver. Nulle mérite ne pouvoit me valoir une grace auffi
éclatante. J'appris les vues politiques de
la Souveraine; elle efpéra que chacun fe
formeroit fur mon modèle, que je répan-
drois dans fon pays une fureur Erotique,
dont réfulteroit la population, le feul bien
qui manque à fon Empire. Elle affura
que pendant tout le tems de fon regne
elle s'étoit occupée de ce point effentiel.

Un homme de plaifir qui devient un per-
fonnage, commence ordinairement par perdre la tête. La mienne tournoit prefque en
penfant au pofte brillant où la fortune m'appelloit.

Je fus d'abord préfenté en grande cérémonie & enfuite l'Impératrice m'accorda

une audience particuliere pour me donner mes instructions. Malgré le grand esprit de cette Princesse, elle est un peu longue dans ses détails. Cette audience dura trois heures. Elle me prescrivoit ma route. Je lui répétai dix fois combien j'étois empressé de justifier son choix.

Il n'est point de lecteur qui ne soit interressé à connoître une des plus grandes Princesses qui se soit assises sur les trônes de la terre. Sa figure est noble, sérieuses dans les affaires, bonne dans les conversations, gaie dans les soupers où elle descend de la Majesté ; son embonpoint ne la rend pas pesante & l'on voit que c'est celui de la santé & non celui de la bonne chère. Il est rare de voir de plus belles mains.

Personne ne saisit avec plus de promptitude. Ses réponses préviennent vos questions.

tions. Elle diftingue au premier coup d'œil
fi c'eft un homme qui veut enter fa fortune fur le bien de l'Etat, ou s'il veut faire
l'une & l'autre ; ou fi l'ambition feule l'a-
nime ; elle fait tout ce que la malignité
humaine a ajouté à fes foibleffes ; elle ne
s'en affecte pas. Et fi quelquefois on paffe
les bornes, un filence ténace déconcerte les
courtifans qui cherchent à lire dans fon
ame.

La protection qu'elle accorde aux beaux
arts, a deux principes, fa gloire & la per-
fuafion qu'ils doivent enrichir un Pays.
Peut-être a-t-on fait un choix plus avanta-
geux aux grands qu'au peuple. Le peuple
n'eft confidéré nulle part, & affurément la
Ruffie ne fait pas exception.

Telle eft l'idée que je me fuis faite de
cette Catherine II, bien fupérieure à Pierre
le grand. Je laiffai fa cour pénétrée d'admi-

;ation pour ses talens & de reconnoissance pour ses bienfaits. Elle me donna cent mille roubles d'appointemens , & meubla mon palais à Oreb. Je m'y rendis au commen-cement d'avril , la tête pleine de mon bon-heur & de projets.

La premiere chose qui m'occuppa dans mon gouvernement, fut d'appeller les Arts , faits pour favorifer la population. La Comé-die me sembla propre à répandre un certain esprit de licence qui doit préparer les es-prits. J'eus donc un détachement de l'opéra , & un affortiment compofé d'une foule de comédiennes errantes ou jouant dans les fociétés de Paris. Des talens médiocres , mais des tempérammens fougueux ; des ftatues fup:rbes comme Colombe , ou des figures de fantaifie comme Adeline fa fœur ; Clair-ville , le Roi , Clermonde , Des Brieres corromproient toute une Ville ; je les fis engager à de foibles appointemens , mais à

des conditions fort avantageufes. Mes vues
fe remplirent. Elles ruinerent des Princes
& allumerent dans la Ville le défir de la
jouiffance au point que la jeuneffe rafolloit
du théâtre & que les jeunes beautés brû_
loient de celui d'y paroître. À ce premier
moyen, je joignis douze filles furannées
de Paris qui fe donnoient trente ans, c'eft-
à-dire, qui en avoient cinquante. Je leur
donnai des inftru&ions convenables à leur
état. Je vis que cela ne prenoit pas. Alors
je fis un coup de maître & propofai à la
Darmand de paffer feulement quelques
mois. Elle répondit que pour entrer dans
les vues politiques du Gouvernement, elle
fe tranfporteroit volontiers dans les climats
hyperboréens ; mais voici fes conditions.

1º. Qu'elle feroit préfentée chez lui &
dineroit & fouperoit dans toutes les *Par_*
ties.

2°. Qu'elle auroit un jeune homme chez elle qui feroit traité comme gentilhomme.

3°. Qu'elle auroit un traitement annuel de cent mille livres, & pour fon retour deux mille louis.

4° Qu'il lui feroit libre d'étendre fes recherches dans toute la Russie.

5°. Que fi quelques femmes de condition lui rendoient vifite à cinq heures du foir, elles ne pourroient point être inquiétées.

6°. Qu'il lui feroit libre d'avoir des angloifes, des italiennes, des françoifes, des allemandes, des turques.

Ces articles pafferent & la Darmand arriva. Elle monta un bordel impérial avec toute la magnificence digne de fon génie. Quelle fut ma furprife d'y voir mon chevalier préfentateur ? Il fallut changer fes airs protecteurs. J'ai dans la fuite compulsé fes régistres. Croira-t-on qu'il y a des années où l'on a foutu douze mille coups chez elle. Je m'applaudis de mon idée. Mais ce n'étoit pas assez de m'occuper des fouteurs en liberté, & de la brillante jeuneffe, je penfai auffi aux prudes & aux Demoifelles tenues fans la dépendance de la pudeur. J'invitai Mr. CHARLES à m'envoyer un garçon phificien qui me fit douze Ballons aëroftatiques. Mais au lieu d'etaler des expériences faftueufes, je réfervai mes Ballons pour certains coups fourrés. Il y avoit alors la Comteffe de Voltna qui frappoit par fes charmes. Seize ans, les plus jolies tetons, des yeux toujours humides de plaisir. Un mari jaloux, une belle mère acariatre, des belles fœurs amoureufes fans fuccès ; nous nous étions lancés des regards intelligens, mais il étoit inutile de former des projets. Je lui dis, à onze heures fur la terrasse. Elle s'y promenoit dans les foirées d'été; en jupons courts & en corfet. Il faifoit le plus beau clair de lune; je monte dans mon globe au bas de la maifon, & m'élevant majeftueufement je jette en paffant fur la terraffe un billet qui contenoit fes mots :„ Si vous pouvez être „ libre, tirez le cordon de foye qui tient „ à ce papier. Si votre jaloux eft avec „ vous, écrivez votre réponfe fur le „ même papier & laiffez-le voltiger au gré „ des airs. Je tirai quelques minutes „ après mon cordon. Hélas il ne fit nulle „ réfiftance. Je lus fur le billet: à deux „ heures defcendez fur les ailes de l'a- „ mour. „ Dans mon yvreffe je remerciai ce Dieu, & employai le tems qu'il me falloit refter loin d'elle à examiner ce

qui se passoit dans les jardins en planant
dessus; quelquefois aussi j'arrêtois mon
globe à la hauteur des fenêtres. J'apperçus sur un balçon une femme qui cau-
soit avec sa mère, tandis que son précep-
teur le lui mettoit en levrette; dans plusieurs maisons les laquais qui dormoient
avec leurs maitresses, presque partout les
femmes de chambre troussées par leurs
maitres; enfin une fouterie presque
générale. Je fus curieux de voir l'intérieur de la maison de la Darmand. Des vieil-
lards usés, des moines déguisés, des Ma-
gistrats honteux, de jeunes puceaux bien
neufs, des novices en amour; l'heure tant
souhaité arrive enfin. Je m'abbats sur la
terrasse de ma Comtesse, elle m'y atten-
doit. J'ai feint, me dit-elle, un insom-
nie; mais je n'ai qu'une minute. Profi-
tons-en, lui dis-je; être baisée, troussée,
enfilée, foutue, fut l'affaire d'un moment.

Je recommmençai ou pour mieux dire
continuai. Un moment après nous en-
tendons du bruit. C'étoit le jaloux qui
fortait fur la pointe du pied. Il apperçoit
mon globe, & croit que fa femme est ca-
chée dedans. Il y entre, & s'appuyant
fur une foupape, il fait partir & élever
le Ballon. Il jette des cris épouventables.
La Comteffe fe fauve dans fon lit, je des-
cends par un efcalier dérobé tandis que le
jaloux voyage dans les airs. Il fait de
vains efforts, mais ne fachant point comment fe gouverne une femblable machine
il laiffe entrer trop d'air; l'aëroftate tombe
précipitamment, & le malheureux argus fe
caffe un bras,

On le rapporte chez lui. Grande rumeur.
Le lendemain plus grande rumeur encore
dans la Ville. Plainte chez moi contre les
inventeurs d'une machine diabolique, qui
ne refpecte ni le fecret des familles, ni la

sûreté des maris, ni la pudeur des femmes,
ni les fecrets d'Etat. Je rends une ordon-
nance pour découvrir l'auteur de cette fu-
nefte invention ; les Prêtres s'en mêlent,
& déclarent dans leurs prônes, que c'eft un
œuvre du MALIN. Un homme éclairé veut
expliquer la chofe ; le Clergé le condamne.
Ayant donné affez de temps pour rallentir
les préventions, je fis annoncer que la
France avoit inventé cette maniere de voya-
ger ; qu'on en avoit abufé, parce qu'on
abufe de tout ; que dorénavant les maris
inftruits fe précautionneroient contre cette
nouvelle fource d'amour, comme ils avoient
fait contre les piéges qu'on leur tendoit
depuis dix mille ans ; que depuis le ferpent
d'Eve jufqu'à la cheminée du duc de Ri-
chelieu, il y avoit eu des mal intentionnés
qui troubloient le fommeil des époux. Ils
me donnerent au diable à caufe de mon
indulgence. Les femmes m'en dédomma-

gèrent. Il est aisé de se consoler de l'humeur
des jaloux dans les bras de leurs victimes
& de servir leur vengeance sur tout. La
cour étant instruite de mes soins à remplir
ses vues politiques, m'en témoigna sa satisfaction, & donna son approbation à mon
dernier projet. Il consistoit à former une
Académie à *l'instar* de celles d'Italie. Je
lui donnai le nom de CONIPHILES.
Trente fut le nombre bredaigné. Pour y être
admis, on exigea différentes preuves. Il
falloit avoir fait de droit & de gauche dix
enfans ; montrer trois certificats de femmes
de soixante ans à qui on l'auroit mis cinq
fois, n'avoir jamais eu de ces passions lan-
goureuses qui usent le cœur & la moitié
de la vie, & dépensent en sentimens stéri-
les des momens que la nature avide réclame
pour la conservation de ses ouvrages. On
donna des noms aux Académiciens analo-
gues à leurs fonctions. On choisit les plus

célèbres fouteurs soit dans l'antiquité soit
dans le moyen âge. Théfée, Achille, Pir-
rhus, Céfar, Charlemagne, Pépin, St.
Louis, & puis on vint à nos jours pour
prendre Henri IV, Turènne, Philippe,
Louis XV, Georges III, Auguste, Roi
de Pologne, &c. &c. Le jour de l'inaugu-
ration, je prononçai le difcours fuivant :

MESSIEURS ET CHERS COMPAGNONS,

,, Vaincre comme Romanzow, gouver-
,, ner comme Frédéric le grand, être bien-
,, faifant comme Louis XVI, fage comme
,, Hancock, ferme comme Jofeph, patient
,, comme Pie VI, & furtout être média-
,, teur, pacificateur; comme le cabinet de
,, Ruffie, c'eft beaucoup ; mais bander
,, comme un Carme & foutre comme un
,, âne, eft peut-être plus grand encore; je
,, ne veux point aujourd'hui de l'éloquence
,, de Thomas, de la diffufion de Gaillard,

„ de la logique de Sabbathier, des grands
„ mots de Boismont ; je laisse ces ressour-
„ ces à l'immortelle Accadémie qui fait le
„ destin des sciences en Europe. Je n'ai
„ besoin que du feu de Piron, des saillies
„ de Collé, de la clarté de Roucher pour
„ vous faire toucher au doigt mes raison-
„ nemens victorieux. O vous ! Déesse im-
„ mortelle, qui prîtes naissance dans l'onde
„ écumeuse de la mer, (nous savons ce
„ que cache votre origine) versez dans
„ mon ame le feu qui vous embrâsoit lors-
„ que le Dieu de la guerre vous enfila
„ aux yeux courroucés de votre cocu
„ d'époux.

„ La première chose que fit Adam lors-
„ qu'il fut crée, ce fut de le mettre à Eve.
„ Envain lui dit-on , que s'il prenoit ces
„ libertés, il lui en cuiroit, mon drôle
„ bandoit, il foutit. Dieu se donna le passe
temps

„ temps du déluge. Noé, le seul Noé se
„ sauve. Que fait le bonhomme ? un en-
„ fant à ses filles ; quel étoit le goût de
„ Salomon, enconner, enconner sans cesse.
„ Il (*ici je chantai ce couplet, & l'Aca-*
„ *démie répéta le refrein en chorus.*

Il eut en son Palais Royal,
Un lit fait en fer à cheval,
Qui cadroit à ses vues ;
Ce lit immense à tous égards
Offroit à ces chastes regards
Cent filles toutes nues ;
Quand sur l'une il passoit son goût,
Les autres crioient le Roi fout,
Et Zon Zon trémoussez-vous donc,
Portez le Prince aux nues.

„ Quand David ne jouoit pas de la
„ harpe, à quoi passoit-il son temps ? à
„ foutre. Si nous quittons la fable pour
„ parcourir l'histoire, qu'étoit-ce que Ju-

P

,, piter ? un fouteur ; Mercure un maque-
,, reau ; Ganimède un bougre ; Vulcain un
,, cocu ; Vénus une putain ; Hébé une
,, branleufe. La philofophie qui eft une
,, fource bien plus pure que les deux que
,, nous avons citées, nous offre un Socrate
,, amoureux des culs, un Diogène tenant
,, fa pique en l'air ; Carneade qui trouffoit
,, comme on falue ; Platon qui ratoit il eft
,, vrai, mais qui n'avoit pas moins le feu
,, du défir ; les ouvrages d'imagination nous
,, préfentent Sémiramis, Antoine, Cléopa-
,, tre, Héliogabale, Néron qui avoient tou-
,, jours la main fous quelque cotillon ou
,, dans quelque culotte, pendant même
,, qu'ils gouvernoient la terre. Comment
,, imaginer que tant d'hommes célèbres,
,, puiffans, n'euffent pas choifi une autre
,, jouiffance s'ils avoient foupçonné quel-
,, que chofe de mieux ? A l'exemple des
,, hommes, joignez ceux des vrais philo-

„ fophes de la terre, les animaux. Un tau-
„ reau, un bélier, un étalon, un cerf, bé-
„ niffent leur exiftence , n'importunent
„ point le ciel, fe contentent de brouter
„ toujours la même herbe. Pourquoi font-
„ ils fatisfaits ? c'eft qu'ils foutent des nuits
„ entières, & ces Sultans trouvent dans
„ leur férail de quoi fe confoler de tout
„ ce dont la nature les a privés.

„ En effet, y a-t-il rien de plus facile
„ que cette brillante opération ? le défir
„ s'allume, les fens fe mêlent à l'imagina-
„ tion, le vit bande, l'œil s'enflamme, la
„ main démange, le con écume, s'ouvre,
„ appelle du fecours, il fent l'ami , & tous
„ deux de concert , lancent à quatre ré-
„ prifes le foutre à gros bouillons.

„ Notre fage inftitut ne nous invite point
„ à ajouter au progrès de la phyfique, à

,, dévoiler les secrets de l'histoire naturelle.
,, Laissons la fumée de la gloire à ce qu'on
,, appelle des savans.

Messieurs, les beaux esprits d'ailleurs très-
eftimables,

Ont très-peu le talent de créer leurs sem-
blables.

,, Notre vocation eft de bannir le culte
,, impur des Alcibiades, & d'ériger une
,, ftatue à la fouterie. Multiplons cette es-
,, pèce qui fait tant d'honneur à la nature.
,, Qui fait! dans la quantité d'êtres à qui
,, nous donnerons la vie, peut-être feront
,, un Buffon, un Euler, un Voltaire, un
,, Diderot. Quelle vraie gloire, fi nous ren-
,, dions au monde un de ces hommes im-
,, mortels. Dans cette quantité d'ames qui
,, font au fond de nos couilles, & que nous

„ reproduirons à la lumiere, il s'en trou-
„ vera peut-être d'héroiques, de bienfai-
„ fantes, de généreufes.

„ Pardonnez, Messieurs, fi j'ai été auffi
„ prolixe que Mr. de Senlis, mais la ri-
„ cheffe du fujet eft mon excuse. Que
„ feroit-ce fi je m'étois étendu fur les def-
„ criptions de tout ce qui fert d'aliment
„ à la fouterie. Mais votre intelligence
„ me défend les détails, & vous me dif-
„ penfez de tout dire. „

Jamais Mlle. Clairon fe balançant fur
fes pieds, le Kain beuglant, Préville bre-
douillant, Molé minaudant, St. Val pleu-
rant, n'ont été applaudis comme je le fus.
On réfolut d'écrire à Visapour, & de faire
acheter, à quelque prix que ce fut, les
douze plus belles filles dont la patrie me

feroit hommage. Elle fe chargea de me rendre une vierge pour une femme groffe. J'acceptai modeftement cette marque de bonté, & promis que je mériterois bien de la république.

On réfolut de donner deux prix de fix mois en fix mois. Au lieu de Médaille, ce devoit être un Priape, avec deux efclaves Golcondoifes de dix-fept ans, tetons blancs, poil noir. cul poire, cuiffes rondes, bouche amoureufe. L'Académie en corps devait les conduire au vainqueur, toutes nues, & les doyens les porter fur leurs épaules. Il y eut la premiere année trois cens discours dont le plus grand nombre étoit très-bon. On réuffit toujours quand on parle de ce qu'on aime.

Il y a tant d'Académies inutiles, où l'on ne fait qu'enfiler des périodes! il en falloit au moins une pour conferver le vœu de la nature.

Les dames d'Oreb n'ofoient applaudir trop hautement à cette inftitution ; mais elles portoient aux nues le protecteur de leur sèxe. Chacune brûloit du défir d'entrer pour quelque chofe dans la reconnoiffance publique, & l'on difoit que les Romains fi faciles pour les Apothéofes, n'en avoient jamais fait en faveur d'un héros qui les méritât mieux.

Cependant la Comteffe trouva le moyen de me remettre un billet dans une affemblée dans lequel elle difoit qu'on pouvoit plus aifément réfifter au défir de m'avoir, que confentir au projet de ne m'avoir plus quand on m'avoit eu, & qu'elle me fupplioit de lui procurer finon un ballon ou

du moins des aîles fur lefquelles elle arri-
veroit chez moi. Je répondis comme je le
devois à cette charmante étourdie. ,, Con-
,, fervez lui dis-je, le goût vif qui fait dé-
,, firer & faifir toutes les occafions, mais
,, ne vous livrez pas au fentiment impé-
,, rieux qui aveugle fur toutes les démar-
,, ches & tourmente inutilement la jalou-
,, fie des furveillans. La gaieté les tran-
,, quillife plus que tout ce qu'on peut
,, leur dire, mais les foupirs les allarment.
,, Il y a deux fortes d'amours ; l'amour
,, qui pleure ; l'amour qui rit. Le premier,
,, fait beaucoup d'honneur & très-peu de
,, profit ; l'autre fait éprouver des contra-
,, dictions, rarament des malheurs. Repofez
,, vous fur ma tendreffe du foin de retrou-
,, ver la route du bonheur.

Ce billet l'attendrit. Elle m'a juré depuis

que ma philofophie avoit décidé fes principes & que dorénavant fon cœur ne feroit
plus ces éclats de fenfibilité qui ruinent la
réputation des femmes. Je lui tins parole ;
des parties de traîneau, des bals, me mé-
nagerent des quarts d'heure. Le grand point
eft de conferver affez de goût l'un pour
l'autre pour être toujours d'accord à la
moindre lueur de liberté. Je ne dis pas que
la jouiffance doit être fans préliminaires,
à l'amour ne plaife, je profcris feulement
les mauvaifes difficultés dont fe pare la pudeur expirante, & ces prétendus remords
qui font des élans d'amour propre, ridicules.

Ce fut la derniere de mes jouiffances affi-
chées. La politique m'enleva à l'amour.
Mes fuccès m'appellèrent à de plus hautes
deftinées. Je devins Viceroi, premier Mi-

niftre favori. Je fis le fort d'un grand empire, je vis l'ambition & les grands à mes
pieds ; je reçus l'encens de la terre. Eh bien!
le croira-t-on ? tout cela ne donne point le
bonheur, & au faîte de cette grandeur,
je regrettois les nuits que je devois à la
Darmand & mes aventures de Paris. Quelque rôle que l'on joue ici bas, on n'eft
pas plus heureux. Vigueur, aifance & liberté. Voilà ce que doit défirer un homme
raifonnable ; la vigueur pour la jeuneffe,
l'aifance pour l'âge mûr ; la liberté depuis
le berceau jufqu'à la tombe. J'ai lû les livres de morale, & je n'ai rien vu dans
Confucius, Platon, Sénèque, au deffus de
ce que j'ai répété. Le plaifir, le plaifir par
deffus tout.

F I N.